航空理论课程思政
教学案例选编

卢永吉　王春雨　张晓慧
李　颂　陈　宇　李广华　编　著

厦门大学出版社　国家一级出版社
XIAMEN UNIVERSITY PRESS　全国百佳图书出版单位

图书在版编目（CIP）数据

航空理论课程思政教学案例选编 / 卢永吉等编著
. -- 厦门：厦门大学出版社，2023.2
ISBN 978-7-5615-8913-7

Ⅰ．①航… Ⅱ．①卢… Ⅲ．①高等学校－思想政治教育－教案(教育)－中国 Ⅳ．①G641

中国版本图书馆CIP数据核字(2022)第243926号

出 版 人	郑文礼
责任编辑	李峰伟
美术编辑	李嘉彬
技术编辑	许克华

出版发行　厦门大学出版社
社　　址　厦门市软件园二期望海路 39 号
邮政编码　361008
总　　机　0592-2181111　0592-2181406(传真)
营销中心　0592-2184458　0592-2181365
网　　址　http://www.xmupress.com
邮　　箱　xmup@xmupress.com
印　　刷　厦门集大印刷有限公司

开本　720 mm×1 020 mm　1/16
印张　14.5
插页　2
字数　235 千字
版次　2023 年 2 月第 1 版
印次　2023 年 2 月第 1 次印刷
定价　72.00 元

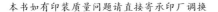

厦门大学出版社
微信二维码

厦门大学出版社
微博二维码

前　言

习近平主席在视察空军航空大学时强调，要坚持立德树人、为战育人，加强军魂教育，强化战斗精神，全面打牢飞行学员思想政治、军事专业、科学文化、身体心理等素质基础，把兵之初、飞之初搞扎实。这为大学积极推进"课程思政"工作指明了方向。

航空理论教育是以飞行人员为主要对象，以专业基础理论、飞行技术理论及其他相关理论为主要内容的教育训练活动，是航空兵部队作战训练的重要组成部分，是空军飞行人才培养过程中一项重要而又特殊的理论教育内容，在军事飞行职业理论体系中具有基础性和长效性作用。结合课程思政的大背景，聚焦中国特色社会主义核心价值观和空军飞行员核心素养，将思想导向与价值观塑造融入航空理论课程教学中，通过典型内容、案例的设计运用，以"润物无声"的方式将正确的理想信念、家国情怀、战斗精神等德育教育内容有效传递给学员，是一种"接地气"的教育形式，有利于进一步提升飞行人才培养成效。

本书是将航空理论知识和思政教育有机融合的积极探索成果。书中阐述的"空中领航""综合航空电子系统""航空气象学""空气动力学""航空动力装置""飞机结构与系统"6门课程共30个案例选自空军航空大学主

体培训任务航空飞行与指挥专业主干课程,每门课程都从课程性质与定位、课程教学目标、课程思政理念3个方面进行概要论述;每个案例都选自课程重点教学内容。全书视野开阔、体例新颖,既有较为全面的思政点阐释,又有较为实用的思政教学设计,是航空理论教育工作者实施"课程思政"的参考工具书,也可供其他高校"课程思政"建设工作借鉴和参考。

全书由卢永吉、王春雨、张晓慧、李颂、陈宇、李广华、廉凤慧共同编写,卢永吉、王春雨负责统稿。本书在编写过程中得到李子冬院长的指导和关心,并由其担任主审,在此表示衷心感谢。

思想政治教育是一项"常做常新"的工作,而且将这项工作贯穿于航空理论教学的实践还处于探索和提高阶段。本书作为这方面的尝试,难免有疏漏及不足之处,敬请读者批评指正,以便再版时进一步修改完善。

作 者

2022年10月

目　录

第五篇　"航空动力装置"课程思政

航空理论课程思政
教学案例选编

第六篇 "飞机结构与系统"课程思政

第一篇

"空中领航"
课程思政

砺志经天
追求卓越

航 颁

富强、民主、文明、和谐，
自由、平等、公正、法治，
爱国、敬业、诚信、友善。

空军航空大学
AVIATION UNIVERSITY OF AIR FORCE

第一部分 课程概述

一、课程性质与定位

"空中领航"课程是航空飞行与指挥（飞行技术）专业的必修主干课程，是所有飞行员"飞之初"基础航理教育的核心课程，具有"支撑首次任职、服务飞行终生"的作用，拥有广阔的育人平台。课程主要解决飞行方向、飞行时间以及飞机位置3个基本问题，任务是使学员形成空中领航的整体认知，获取领航基础知识、基本方法和技能，为正确进行领航准备和空中实施领航打牢理论基础。课程按基础知识、基本方法和领航应用3个模块构建知识框架，具有"理论+训练"的特点，在价值塑造、能力培养、知识传授等方面都体现"直接服务军事飞行"的特色。

二、课程教学目标

学员通过本课程学习，能够系统掌握空中领航理论知识；熟悉领航工作的流程、方法与步骤；具备独立领航准备、空中实施、应急情况处置等能力；养成遵规守纪、细致周密、准确应变、综合判断等职业素养；具有开展科学研究的专业素养和创新精神。

三、课程思政理念

教学遵循循序渐进原则，搭建适合"空中领航"课程特点的思政教学长效机制，迭代挖掘课程隐含的思政元素，完善课程思政资源库建设，优化思政教学切入点与知识的结合度，提高教员课程思政教育教学能力，不断推动课程思政教育的创新发展。

教学围绕"空中领航"课程教学目标，将思政教育元素和思政教育功

能融入课堂教学各个环节，帮助学员树立坚定的政治方向，养成高尚的政治素养和良好的职业素养，引导学员树立正确的世界观、价值观和人生观，打通全员育人的"最后一公里"，巧妙进行价值塑造、能力培养、知识传授三者间的融通，实现"立德树人，为战育人"润物无声。

第二部分　课程思政案例

航空地图

航空地图（简称航图）对于飞行的组织与实施、飞行的安全，具有非常重要的意义。通过航图，飞行员能够判断飞机所在方位、安全飞行高度、沿途导航设施、是否准确沿航线飞行，以及遭遇特情时，可选择的备降机场、迫降机场、场地等。所以，正确地使用航图，对于飞行员来说至关重要。

一、教学目标

（一）知识目标

了解航图的演变过程及其种类和用途；熟悉大地坐标系与高程系、航图比例尺、组成要素等基本知识；掌握航图上表示地物和地貌的方法；掌握磁差的定义、产生原因，学会查算磁差；能够准确阐述航线角和航线距离的概念；了解大圆圈航线与等角航线的区别和联系。

（二）能力目标

正确认读航图，能够根据经纬度在航图上快速确定某一地点，也可根据已知地点查出其经纬度；能够熟练运用目测和尺量两种方法来确定航线距离与航线角；掌握真航线角与磁航线角的换算方法；形成快速获取航线基本信息的职业技能。

（三）素质目标

树立国家和民族的认同感和归属感，建立中国特色社会主义文化自信，养成严谨细致的工作态度。

本部分内容的逻辑关系如图1.1所示。

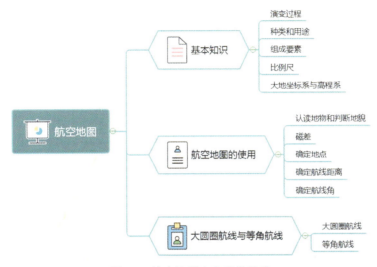

图 1.1　航空地图内容逻辑关系

二、思政元素

"航空地图"教学内容中隐含的课程思政元素主要体现在以下几点。

思政点1：国家和民族的认同感与归属感——航图发展史

1.古代中国地图测绘的辉煌

中国古代地图测绘曾创造过多项世界纪录，如在长沙马王堆汉墓出土的《驻军图》是世界上最早的彩色军事地图；西晋司空裴秀在3世纪后期提出了"制图六体"，即绘制地图的6项原则，标志着中国古代地图制图理论体系的形成；北宋科学家沈括在11世纪后期制作的立体地图比欧洲要早700多年；南宋人杨甲在1155年编绘的《六经图》是世界上已发现的最早的印刷地图；元代郭守敬在13世纪后期主持的全国纬度测量是当时世界上范围最广、结果最准确的一次，并首次提出"海拔"的概念；从明代开始，我国开始有了基于大地坐标系统的实测地图，以《坤舆万国全图》（意大利

人利玛窦与李之藻合作完成）最为知名，这幅地图融合了东西方制图技术，是首次绘制出五大洲的中文世界地图，在地图绘制过程中，创造了许多新的地理名词，沿用至今，如地球、南北极、赤道、经纬线、大西洋、北冰洋等。

2.郑和下西洋的伟大壮举

明成祖朱棣即位后，国力日增，为树立明朝在海外的威望，恢复同海外各国的贸易往来，建立友好的关系，明成祖决定派郑和率领船队远赴西洋。从1405到1433年的28年间，郑和率领庞大的船队，先后7次下西洋，访问了多个国家和地区。郑和下西洋比哥伦布、达伽马、麦哲伦等航海家早半个多世纪，是15世纪末欧洲的地理大发现的航行以前世界历史上规模最大的一系列海上探险。这一壮举，不仅为人类认识海洋、征服海洋树立了丰碑，为增进中外文化、物资交流写下了灿烂的篇章，而且发展了海上导航与定位技术，绘制了举世闻名的《郑和航海图》，对海洋测绘发展贡献巨大。英国著名科学家李约瑟在《中国科技史》一书中，对《郑和航海图》给予了高度评价，认为它是"世界上最早的一幅真正科学的海图"。

思政点2：中国特色社会主义文化自信——大地坐标系与高程系

1.建立2000国家大地坐标系

为更好地保障与促进国防建设和国家经济社会发展，自2003年开始，中国以现有大地坐标系统和控制网为基础，提出建立地心坐标系——2000国家大地坐标系。经过一年多充分的技术准备，原国土资源部上报了国务院《关于中国采用2000国家大地坐标系的请示》，并于2008年4月获得批准。2008年6月，原国家测绘地理信息局发布公告，自2008年7月1日起，正式启用2000国家大地坐标系。与以往坐标系相比，2000国家大地坐标系具有三维、地心、高精度、动态等特点，更加适应当今对地观测技术的发展，是我国现代化测绘基准体系建设的重要组成部分。加快推广使用新坐标系，对于经济建设、国防建设、社会发展和科学研究等具有十分重要的意义，能够更好地满足高精度、快速的空间定位技术在各领域的应用需求；有利于推进国产卫星导航系统的应用，提高国家空间基准的自主性和安全性；有利于保证地理信息资源的完整性和一致性，促进地理信息资源共享；有利于提高测绘地理信息保障能力和服务水平，推动测绘地理信息事业发展。

2.复测珠峰的海拔高度

2020年5月，8名珠峰高程测量登山队队员成功登顶，顺利开展各项峰顶测量工作，这是中国再一次测量珠峰高程。高度的起算点是"水准原点"，也是国家高程控制网中传递高程的基准点。这个唯一的"水准原点"建在青岛观象山顶上，于1954年开建，建成后1957年确定了我国第一个统一的高程基准面，称1956黄海高程系，水准原点高程为72.289米。1975年起，国家重新进行测量，根据1952—1979年验潮资料计算，最终确定"1985国家高程基准"中水准原点的高程为72.2604米，作为国家高程控制的起算点。也就是说，珠峰的高度是从"水准原点"开始测绘，再加上72.2604米就是其海拔高度，珠峰新高度为8848.86米。再测珠峰，体现了测量队员不畏艰险、勇攀高峰的精神，体现了测绘科技工作者团结协作、刻苦钻研的科学精神，更汇聚了强大的中国精神和中国力量。

思政点3：严谨细致的工作态度——量航线距离、航线角

航线是指飞机从地球表面的一点飞到另一点的预定航行路线。飞行员在飞行前地面准备时，要预先在航图上画出航线，量出航线距离，还要确定航线的方向，即航线角。测量的主要方法有两种，一是目测，二是利用向量尺量取。目测是飞行员必须具备的一项基本技能，只有通过反复训练才能逐步提高目测的准确性；利用向量尺量取航线距离和航线角，要求学员在掌握用尺方法的前提下，严谨操作，才能避免误差过大、角度量反等问题，确保结果准确无误。因此，在实践教学环节，除讲授方法、实践练习外，教员还应注重培养学员养成严谨细致的工作态度。

课程思政点与教学内容对照见表1.1。

表 1.1　课程思政点与教学内容对照

序　号	教学内容	思政点
1	航图发展史	国家和民族的认同感与归属感
2	大地坐标系与高程系	中国特色社会主义文化自信
3	量航线距离、航线角	严谨细致的工作态度

三、课程思政教学设计内容

（一）本次设计的课程思政目标

树立国家和民族的认同感与归属感；建立中国特色社会主义文化自信；养成严谨细致的工作态度。

（二）课程思政教学设计

1.课前：课程思政引入

在漫长的人类文明史上，地图扮演着非常重要的角色。考古发现的地图，就记录了先民对大地形态最初的认知，并夹杂着不同文明的信仰；在大一统的古代中国和中世纪西方，地图则成为权力和支配能力的重要体现；而在西方地理大发现的大航海时代，地图更是不可或缺的重要一环，拥有着改变世界的力量。我们今天所用的航图，就是在地图、海图的基础上逐渐演变而来的。教员通过介绍航图的演变过程，使学员了解中国古代地图测绘、航海等方面的辉煌成果，树立国家和民族的认同感与归属感。

2.课中：课程思政贯穿授课过程

（1）航图基本知识

【思政贯穿】

教员通过《测量学精加工》《3分钟看珠峰高程是怎么算出来的？》等视频资源，向学员展示航图坐标系、高程系等知识，使学员了解我国测量技术的发展情况和取得的伟大成就，从而建立中国特色社会主义文化自信，完成思想升华。而后，以某一航图为例，采用启发式教学法，引导学员归纳总结出航图比例尺、组成要素、种类和用途等内容。

① 图片素材：航图。

② 视频素材：《测量学精加工视频》《3分钟看珠峰高程是怎么算出来的？》《中华人民共和国大地原点》《实拍青岛水准原点：测量珠峰身高得从"它"算起》。

（2）航图的使用

教员对照航图，讲授航图上描述地物和地貌的方法，分析各种方法的优缺点并进行总结归纳；回顾经度、纬度的定义，引出在航图上确定地点、绘制航线、确定航线角与航线距离等内容。

【思政贯穿】

教员结合航图，设置根据经纬度确定地点、查找某一具体地点的经纬度等练习，锻炼学员的实践操作能力。对照地图作业规范，指导学员在航图上绘制航线，然后以某一条航线为例，介绍航线距离和航线角的概念，组织课堂练习——使用目测法获取航线距离、航线角信息，强调"目测是飞行员必须具备的一项基本技能"，要求学员"加强目测练习，提高准确程度"。而后，介绍向量尺的组成与功能，采用讲、演、练相结合的方式，使学员掌握利用向量尺在航图上量取航线距离和航线角的方法（图1.2）。从磁差的定义入手，分析其产生原因，讲授磁差的计算方法、真航线角与磁航线角的换算方法，配合课堂练习，加以巩固。通过查找地点、绘制航线、获取航线距离与航线角信息等课堂实践，强化学员"地面苦练、空中精飞"的意识，使学员养成严谨细致的工作态度。

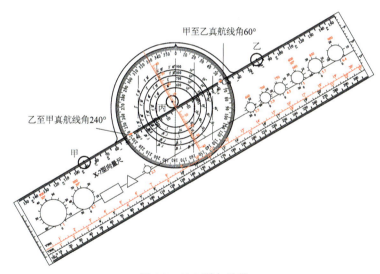

图 1.2　X-7 型向量尺

① 教具资源：X-7型向量尺。

② 图片素材：中国磁差图。

（3）大圆圈航线与等角航线

通过起点和终点的大圆圈线被当成航线时，叫大圆圈航线（也称正航线）；通过起点和终点的等角线被当成航线时，叫等角航线（也称恒航线）。

大圆圈航线的优点是航线距离比较短，缺点是飞行中需要经常改变航线角；等角航线的优点是飞行中不需要改变航线角可一直飞到目的地，缺点是航线距离比较长。因此，当两者的距离差很小时，通常选用等角航线；当距离差较大时，选用大圆圈航线或将大圆圈航线分成数段，每段按等角航线飞行。

【思政贯穿】

教员布置学习任务，让学员分组进行讨论，归纳总结大圆圈航线和等角航线的优缺点，探究两种航线的实际应用，培养学员认真思考、勤于探究的科学精神。

3.课后：课程思政总结反思

立德树人，为战育人是航空理论教育的根本。在人才培养过程中，要坚持"先成人、再成才"的方针。本次课程思政内容教学使学员感受强大的中国精神和中国力量，树立民族自信心与责任感，树立崇高理想，坚定飞行信念，从点滴做起，养成严谨细致的工作态度。

学员课堂随感（航空地图）

课程名称	空中领航	授课教员	卢永吉
姓　　名	陈铸龙	授课时间	2021.07.22
课程育人切入点（课程内容）	介绍中国古代地图测绘、航海等方面的辉煌成果，使学员树立国家和民族的认同感与归属感；展示我国测量技术的发展情况和取得的伟大成就，使学员建立中国特色社会主义文化自信；通过课堂实践，使学员养成严谨细致的态度。		
教员的一句良言	地面苦练，空中精飞。		
核心价值观与做人做事的道理	感受强大中国精神和中国力量，树立坚定的飞行事业心，养成严谨细致的工作态度。		
学员的体会、感悟	要始终牢记"不负时代、不负青春，为战而来、为战而学"，不断强化"地面苦练、空中精飞"意识，树立信心，打牢基础。		

领航基本计算

飞行方向、飞行时间和飞机位置是空中领航所要解决的3个基本问题。要想解决这些问题，必须通过理论计算来获取相应的领航参数，主要包括航向的换算，速度、距离、时间的换算，单机转弯诸元的换算，表高与气压高的换算以及表速与真速的换算。这些计算既是领航准备的基本内容，也是空中实施领航的主要依据。

一、教学目标

（一）知识目标

理解航向的定义，掌握真航向、磁航向、罗航向之间的换算关系；熟悉H-3型领航计算尺的功用、组成与制作原理；掌握速度、距离、时间，单机转弯诸元，表高与气压高，表速与真速的含义及相互关系。

（二）能力目标

掌握查找罗差、换算航向的方法，能够熟练运用领航计算尺完成速度、距离、时间，单机转弯诸元，表高与气压高以及表速与真速的换算，具备领航计算能力，为满足今后飞行岗位需求奠定良好的基础。

（三）素质目标

形成"搏击长空心向党，飞行万里不迷航"的政治觉悟和"披肝沥胆，把握航向"的忠诚品格；强化工匠精神、科学精神和探究意识，养成严谨细致的职业习惯；树立爱国奉献和不计私利的优秀品质。

本部分内容的逻辑关系如图1.3所示。

二、思政元素

"领航基本计算"教学内容中隐含的课程思政元素主要体现在以下几点。

思政点1：坚定的政治方向与忠诚品格——航向的换算

航向，即航行的方向，常用于比喻。例如，我国正处于实现中华民族伟大复兴关键时期，船到中流浪更急、人到半山路更陡，在机遇和挑战相互交织的情况下，必须具有强大持久的战略定力，才能把握航向、行稳致

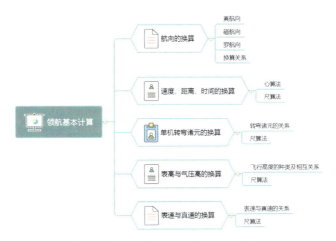

图 1.3 领航基本计算内容逻辑关系

远。再如,我们熟知的宣传标语"披肝沥胆,把握航向""搏击长空心向党,飞行万里不迷航""赤胆忠心党培养,经天纬地我领航"等。结合"航向的换算"这一内容,通过介绍与"航向"有关的论述,观看《选择好航向,路远又何妨》视频,培养学员坚定的政治方向与忠诚品格。

思政点2:科学精神与探究意识——计算尺的发展历程

1614年,苏格兰数学家、物理学家兼天文学家约翰·纳皮尔发明了对数,大大简化了计算任务,也为计算尺的发明创造了条件。大约在1622年,英国圣公会牧师威廉·奥特雷德把两根木制对数标尺并排放在一起,发明了世界上第一把计算尺。几年后,他又发明了圆形计算尺。虽然计算尺构思精巧、方便实用,但真正流行开来是在两个世纪后的双对数计算尺发明以后。1814年,彼得·罗吉特在向英国皇家学会成员发表演讲时,介绍了他的发明——双对数计算尺。直到20世纪,双对数计算尺的价值才获得充分的认识。因为这时,化学家、电气工程师和物理学家们所遇到的数学计算越来越复杂,普通计算尺已不能胜任了。1850年,年仅19岁的法国炮兵中尉阿梅代·马内姆选出4种用得最频繁的对数标尺,并加上一个游标(即用来使计算尺上数字对齐的滑动指标),对计算尺的普及起了重大作用。不到几年,法国陆军就采用了这项发明。后来,欧洲、美国科学家也开始采用这种计算尺。再后来,为了加快计算速度,制造商也在计算尺上增加

了其他各种标记和符号，各种专用计算尺应运而生。到1945年，在工程师一族中，双对数复式计算尺已经相当普及了。20世纪60年代，计算尺经成为科技人员不可或缺的工具。

思政点3：工匠精神和严谨细致的工作态度——拉尺计算练习

一把计算尺"拉"出一座南京长江大桥。1968年建成通车的南京长江大桥是长江上第一座由中国自行设计和建造的双层式铁路、公路两用桥梁，是中国经济建设的重要成就，也是中国桥梁建设的重要里程碑，具有极大的经济意义、政治意义和战略意义，被人们亲切地称为"争气桥"。而这座桥建设的难度之大、遇到的困难之多是前所未有的。大桥的设计与建成凝聚了我国大量工程技术人员的科技智慧与劳动汗水，尤其是在科技还不发达的20世纪60年代，巨量的大桥结构数据是工程师们利用计算尺一点点手工测算出来的，这些精准的数据确保了大桥的安全与坚固，通车至今50多年仍稳如磐石屹立于长江之上。南京长江大桥纪念馆设计师、南京大学建筑与城市规划学院教授鲁安东认为：大桥之所以保持旺盛的生命力，通车至今即使遭轮船撞击30多次，都没有造成结构性的破坏，计算尺功不可没。"尺子是用'拉'的动作来进行计算。"鲁安东说，为了修这座桥，大量的工程师和科学家就是用计算尺为大桥做大量结构计算的。"当时不像今天有计算机，他们用这样一个手工工具要不断地来'拉'数据，所以说大桥是'拉'出来的。"鲁安东说，因为是手工计算，生怕会有误差，所以工程师们会反复地校正，一丝不苟。令人惊叹的是，在整个修桥期间，从南京送过去用手工测算的巨量大桥数据，没有一个错误。

思政点4：爱国奉献和不计私利的优秀品质——计算尺背后的故事

钱学森捐尺子的故事。钱学森是世界公认的伟大科学家，在他惊天动地、开创伟业的背后，有着许多鲜为人知的博爱胸怀和高尚情操。在上海交大钱学森图书馆第一展厅一个玻璃橱窗里，有一把很不起眼的计算尺，每天吸引着许多参观者，他们纷纷在此驻足，聆听讲解员讲授这把计算尺背后的感人故事。四十多年前，钱学森在中科大学力学系任教，那个年代，还没有计算机，计算尺是当时使用很广泛的计算工具。计算尺就像传统的算盘，虽不算先进，但在那个年代作为必备的学习工具，力学系的同学上课时应人手一把。但钱老觉得奇怪的是，大多数同学却没有计算尺。经过询问，原来许多同学因家境贫寒，买不起计算尺。这让钱老感到心情沉重，钱老知道，作为理工科的学员缺少计算尺，就像工人做工没有工具、农民耕田没有锄头、战士打仗没有枪支一样。钱老对此坐立不安，那时买一把计算尺要十多元，而当时一个普通工人一个月的工资也就二三十元。这一把昂贵的计算尺，就像一根压垮学员的"稻草"，让他们尴尬和无奈。于是，钱老毫不犹豫地将《工程控制论》一书的稿酬和奖金（国家自然科学奖一等奖）一万多块钱，让学校教务人员赶紧去给每位学员配一把计算尺。教员通过讲授"钱学森"捐尺子的故事，培养学员爱国奉献和不计私利的优秀品质。

课程思政点与教学内容对照见表1.2。

表 1.2 课程思政点与教学内容对照

序　号	教学内容	思政点
1	航向的换算	坚定的政治方向与忠诚品格
2	计算尺的发展历程	科学精神与探究意识
3	拉尺计算练习	工匠精神和严谨细致的工作态度 科学精神与探究意识
4	计算尺背后的故事	爱国奉献和不计私利的优秀品质

三、课程思政教学设计内容

（一）本次设计的课程思政目标

提高政治觉悟，坚定理想信念；树立正确的人生观与价值观；强化工匠精神、科学精神和探究意识；养成严谨细致的工作态度。

（二）课程思政教学设计

1.课前：课程思政引入

"方向决定前途，道路决定命运。"无论是国家长治久安、民族兴旺发达，还是个人进步发展，都离不开正确方向的指引。习近平总书记曾讲过这样一个故事，红军过草地时，伙夫同志一起床，不问是否有米煮饭，而

是先问问向南还是向北走，并告诫大家，"即便是一名炊事员，也懂得方向问题比吃什么更重要。如果在方向上出现偏离，就会犯颠覆性错误"。可见，明方向是我们修身立志、干事创业的第一步。

2.课中：课程思政贯穿授课过程

（1）航向的换算

【思政贯穿】

教员从航向的定义入手，利用示意图分析真航向、磁航向和罗航向之间的关系，使学员明确：以不同的经线（真经线、磁经线、罗经线）作为测量基准，对应的航向（真航向、磁航向和罗航向）是不相同的，并且这3个参数在数值大小上往往也是不相等的。通过概念解析和操作演示，使学员明确，只要保持机头的方向不变，飞机的航向就没有变化。进一步，可延伸到"搏击长空心向党，飞行万里不迷航"的政治觉悟和"披肝沥胆，把握航向"的忠诚品格。再结合视频《选择好航向，路远又何妨》深化思政教育，如图1.4所示。

图1.4 《选择好航向，路远又何妨》视频截图

① 视频素材：《选择好航向，路远又何妨》。

② 图片素材："赤胆忠心党培养，经天纬地我领航"等宣传标语。

（2）计算尺的发展历程

【思政贯穿】

教员通过视频《300年璀璨——计算尺》，向学员展示计算尺的诞生过程。从纳皮尔发明对数到计算尺诞生，再到后来双对数计算尺的发明和普及，其间涉及的人物与科学故事，无不蕴含着前人的科学精神与探究意识。

以南京长江大桥的设计与建成为例，讲述计算尺在我国建筑史上曾经发挥的巨大作用，以此培养学员的工匠精神和严谨细致的工作态度。通过《钱永刚讲述父亲捐资助学的故事》视频，透过计算尺，向学员展示一代伟人钱学森的博爱胸怀和高尚情操，以此引导学员树立正确的人生观与价值观。

视频素材：《300年璀璨——计算尺》《计算尺拉出来的南京长江大桥》《钱永刚讲述父亲捐资助学的故事》。

（3）领航参数及其换算关系

【思政贯穿】

本部分内容包括速度、距离、时间的换算，单机转弯诸元的换算，表高与气压高的换算以及表速与真速的换算。这4个部分均需结合领航计算尺进行讲授，因此在内容设计上，首先通过短视频向学员介绍计算尺的原理，配合课堂讲授，使学员理解H-3型领航计算尺的刻尺依据；而后，逐一讲授各种领航参数的定义及其换算关系，采用边讲解边示范的形式，带领学员初步体验计算尺的使用方法（图1.5）。通过理论讲授与操作体验，培养学员的科学精神与探究意识。

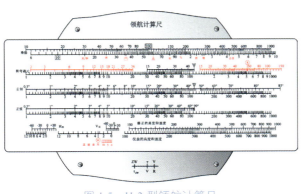

图 1.5　H-3 型领航计算尺

（4）拉尺计算练习

【思政贯穿】

拉尺计算练习需要使用领航计算尺的第一尺（乘除换算）、第二尺（转弯诸元换算）和第五尺（高度和速度换算）3个尺型。这3个尺型的刻尺依据、计算方法和读数特点均不相同，学员容易混淆，不易掌握，因此需要

通过大量的课堂练习强化学员记忆。课堂上，一般采用教员设置典型题目、学员实操练习、教员分析总结的方式进行，需要借助领航计算尺模拟软件配合（图1.6）完成。通过反复练习，逐步强化学员对各种尺型的熟悉程度，不仅提高了学员的用尺技能，也潜移默化地培养了学员的科学精神、探究意识以及严谨细致的工作态度。

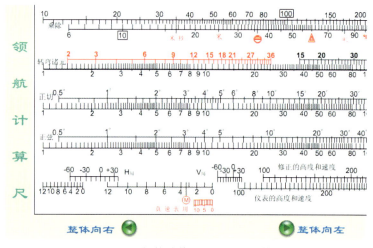

图 1.6 "领航计算尺模拟软件"截图

视频素材：领航计算尺模拟软件。

3.课后：课程思政总结反思

教员根据学员课堂所学所思，引导学员树立坚定的政治信仰与飞行事业心，对党忠诚、勤奋学习，担起强军兴军、报效祖国的重任；树立正确的人生观与价值观，做新时代具有过硬本领和高尚品格的接班人；将"逐梦空天"的个人梦想与中国梦、强军梦结合起来，从长远着眼，从点滴入手，拓展思维和意识、强化知识与技能，为中华民族的伟大复兴努力奋斗。

学员课堂随感（领航基本计算）

课程名称	空中领航	授课教员	卢永吉
姓　　名	李洪仲	授课时间	2021.07.24
课程育人切入点 （课程内容）	通过介绍"航向"的相关内容，培养学员坚定的政治方向与忠诚品格；深入挖掘计算尺背后的故事，引导学员树立正确的人生观与价值观，培养工匠精神和科学精神；通过拉尺计算，培养学员的探究意识和严谨细致的工作态度。		
教员的一句良言	搏击长空心向党，飞行万里不迷航。		
核心价值观与做人做事的道理	心胸决定格局，高度决定视野。忠诚于党是飞行人员忠诚品格的根本体现，报效祖国是飞行人员核心价值观的本质特征。		
学员的体会、感悟	作为未来的战斗员，要传承好"忠诚、无畏、精飞"的空军文化和职业标准，坚决履行好党和人民赋予的新世纪、新阶段的光荣历史使命。		

地标领航

飞行中，用航图同地面相对照，按辨认出来的地标判定飞机位置、选定飞行方向的方法叫地标领航。地标领航是一种简单可靠的领航方法，只要有可供利用的地标，又能够看清地面，就能采用。因此，地标领航是能见地面时确定飞机精确位置、检查飞机航迹的重要方法。

一、教学目标

（一）知识目标

熟悉地标的分类与特征，了解各种因素对地标领航的影响；掌握飞行中辨认地标的步骤与方法；掌握利用地标确定飞机位置和选定飞行方向的方法。

（二）能力目标

掌握寻找地标的时机、方法及辨认地标的依据；能够根据飞机与地标之间的关系，利用尺算法和目测法确定飞机的精确位置；掌握利用平行于航线的线状地标选定应飞航向的方法。

（三）素质目标

了解马克思主义认识论，凡事从实际出发，能够透过现象认清地标领航本质问题；提升民族自豪感、家国情怀和矢志飞行意识，坚定中国特色社会主义道路自信，养成准确应变、综合判断的职业素养。

本部分内容的逻辑关系如图1.7所示。

图 1.7　地标领航内容逻辑关系

二、思政元素

"地标领航"教学内容中隐含的课程思政元素主要体现在以下几点。

思政点1：红色基因、家国情怀与民族自豪感——地标的分类及特征

（1）地标里的党史故事

中共一大会址，位于上海市兴业路76号。1921年7月23日，中国共产党的第一次全国代表大会在这里举行，宣告了中国共产党的诞生。这里是中国共产党梦想启航的地方，也是中国共产党人的精神家园。浙江嘉兴南湖湖心岛的东南岸，一条飞檐斗角的红船，在湖光山色中默默停驻。1921年7月30日，因为上海会场受到法租界暗探袭扰，中共一大最后一次会议转移到浙江嘉兴南湖一艘游船上继续举行，大会通过了党的纲领和工作决议，选举了中央领导机关。

中共五大会址纪念馆，位于离武昌中华路码头不远的都府堤小巷20号。1927年4月27日至5月9日，中共五大在此召开，大会选举产生了党的历史上第一个中央纪检监察机构——中央监察委员会。

作为南昌八一起义纪念馆的前身，江西大旅社默默伫立在繁华的中山路上。1927年8月1日凌晨，枪声划破黑夜，打响了武装反抗国民党反动派的第一枪，中国共产党领导下的人民军队就此诞生。

1927年秋，毛泽东率领秋收起义部队来到井冈山，创建了中国第一个农村革命根据地——井冈山革命根据地，开辟出一条"农村包围城市，武装夺取政权"的革命道路，在中国革命历史上写下了光辉篇章。

这些红色地标，是绵延不绝的记忆，更是一种历久弥新的精神；它是一笔传之久远的宝贵财富，更是凝聚人心、激励向上的澎湃动力。知史明志，教育引导学员接续传承好红色地标中的精神财富，励志空天、追求卓越，高飞远航，努力把红色基因发扬光大。

（2）月球上的中国元素

从嫦娥奔月的古代传说到载人登月的科学探索，人类对月球的好奇由来已久，虽然直到20世纪人类才把探测器送上月球，但给月亮起地名的历史从17世纪就开始了。1609年，伽利略用自制的望远镜观察到了月球的高山凹地，并用自己家乡的亚平宁山脉给月球最大的山脉命名。从此，科学家们就开始给月球地标命名，但这些名字都有很浓的个人色彩。直到1919年国

际天文学联合会（International Astronomical Union，IAU）成立，这种各自命名的局面才被改变。IAU是世界各国公认的权威天文学术组织，拥有对各行星和卫星命名的权利。经过长期的发展和修订，IAU逐步制定出一套月球地理实体的命名程序和规则，其中有一类非常特殊，那就是月球着陆点。这类地貌没有固定的起名要求，但要求申请方必须有能力将航天器送上月球。从1959年人类第一颗月球探测器着陆月球以来，这样的地名并不多。2010年，我国利用嫦娥工程影像数据，首次申报"月球地理实体命名"并获得批准，将月面3个撞击坑分别命名为蔡伦、毕昇和张钰哲，实现了我国月球探测工程科学应用成果在月球地理实体命名上零的突破。2016年1月5日，IAU公布，批准嫦娥三号探测器着陆点周边区域命名为"广寒宫"，附近3个撞击坑分别命名为"紫薇""天市""太微"。2021年5月24日，IAU公布，批准中国提议在嫦娥五号降落地点附近的8个月球地貌的命名申请。至此，月球上的中国地名达35个。这些成果充分展示和体现了我国当前月球探测的综合能力，提高了我国在月球与行星科学研究方面的国际影响力。

思政点2：伟大智慧和艰苦创业精神 —— 各种因素对地标领航的影响

1967年7月1日，经总参谋部批准，解放军第八航空学校组建，其下属的二团驻地骆驼圈，位于茫茫戈壁滩上。1968年4月，二团正式开训，训练过程中发现骆驼圈机场周围大部分空域都没有明显地标，不便于飞行员保持空域位置，再加上当年的飞机都是初教机，设备简陋，飞机容易迷失方向。于是，时任该团领航主任的季臣业同志提议用标语做人工地标，得到了航校领导和教官的支持。后来，选定"毛主席万万岁！""为人民服务""向斗争中学习""只争朝夕""排除万难去争取胜利"作为标语内容，经过该团官兵几个月的艰苦奋斗，最终完成了这5组巨幅标语地标，堪称是新疆空军原第八航校官兵在戈壁滩上创造的智慧奇迹，具有强烈的中国特色和时代特色。骆驼圈机场的标语地标对飞行教、学员来说很有必要，在难以辨别方位的戈壁滩上空，通过观察航图上的标记，利用人工修建的标语地标定位完成飞行教学任务，创造了在那么艰苦环境下培养飞行员的奇迹。

思政点3：马克思主义认识论 —— 辨认地标

马克思主义认识论分为实践、认识、真理三大部分，其出发点、初始点在于物质的客观存在；着眼点、依存点在于实践；根本点、基本点在于人的主观能动性。马克思主义认识论揭示了关于自然、社会和人的思想发展的普遍规律，为一切科学研究提供了方法论。第一，要按客观事物的本来面貌来认识它们，不要被种种唯心主义观点所蒙蔽；第二，世界上的事物都是互相联系的，不要孤立地看问题；第三，事物是发展变化的，不要静止地看问题；第四，在事物的现象与本质之间存在着矛盾，必须透过现象，看到事物的本质，即抓住事物的规律性的东西，才能真正认识到客观事物的真面目。

课程思政点与教学内容对照见表1.3。

表 1.3 课程思政点与教学内容对照

序 号	教学内容	思政点
1	地标的分类及特征	红色基因、家国情怀与民族自豪感
2	各种因素对地标领航的影响	伟大智慧和艰苦创业精神
3	辨认地标	马克思主义认识论

三、课程思政教学设计内容

（一）本次设计的课程思政目标

了解马克思主义认识论，凡事从实际出发，能够透过现象认清地标领航本质问题；提升民族自豪感、家国情怀和矢志飞行意识，树立中国特色社会主义道路自信，养成准确应变、综合判断等职业素养。

（二）课程思政教学设计

1.课前：课程思政引入

1927年5月20日，瑞典裔美国人查尔斯·林德伯格驾驶着"圣路易斯精神号"完成了纽约至巴黎的单人飞行，用时33.5小时，其间无着陆，实现了人类历史上首次完成单人跨大西洋的壮举。大家不禁要问，在那个连卫星导航和无线电导航影子都见不到的年代，飞行员是如何保证飞行33.5

小时做到精准无误地到达目的地的呢？这就要说到飞行员必须掌握的一种最原始也是最基本的领航方法——地标领航。

2.课中：课程思政贯穿授课过程

（1）地标的分类及特征

地标领航是一种简单可靠的领航方法，采用这种方法领航，前提有两个：一是空中能见度比较好，飞行员能够看清地面；二是所飞航线附近有可供利用的地标。首先，小组汇报课前学习成果，由此创设学习情境，并提出本次课的第一个任务：领航上最有价值的地标有哪些。在此过程中，学员结合南湖红船、南昌八一起义纪念馆、古田会议会址等"红色地标"图片进行归纳。这既注入了红色基因教育，也培养了学员的自主学习能力。

随后，教员引入"戈壁滩上的标语地标"案例，结合"毛主席万万岁！""为人民服务""向斗争中学习""只争朝夕""排除万难去争取胜利"等标语地标图片，让学员了解50多年前解放军第八航空学校飞行教官和学员共同创造的奇迹，感受老一辈中国军人的智慧和不畏艰难的精神，增强飞行事业心和矢志飞行意识；引入"月球上的中国元素"案例，通过视频展示中国取得的"月球地理实体命名"，提升学员的家国情怀与民族自豪感，坚定理想信念。

（2）辨认地标

飞行中，飞行员要利用航图同地面对照，辨认出看到的地标是航图上的哪一个，从而来确定飞机的位置。通常要求有计划地辨认预定地标，并能够辨认临时出现的地标。接着，给出第二个学习任务：以大屯镇到八面城这条航线为例，制订辨认预定地标公主岭的方案。在此之前，先给定航行条件，让学员完成绘制航线、标记航线基本点等工作。而后，分析整理航线情况，并通过团队协作完成学习任务，采用小组点将打擂台的方式展示学习成果，最后教员归纳总结。在此过程中，增强团结协作意识，培养学员具备"事物都是互相联系的，不要孤立地、静止地看问题"的马克思主义认识论。

（3）利用地标确定飞机位置

辨认出地标以后，飞行员就可根据飞机与地标的关系，确定飞机的精确位置。

方法一：正上空定位，即如果飞机正好飞到了某一地标的上空，那么只要辨认出该地标，飞机的精确位置就在这个地点上了。这种方法比较容易理解，课堂上以简单介绍为主。

方法二：正侧方定位，即待飞机通过地标正侧方时，目测出飞机到地标的水平距离，进而确定飞机的精确位置。按照介绍原理、分析方法、课堂练习的步骤，采用探究式教学方法，培养学员发现问题、解决问题、寻找规律的能力。

基本原理：飞机到预定地标的水平距离（$S_{水平}$），与当时的飞行高度（H）以及垂直观测角（ZG）有关，如式（1-1）所示。

$$S_{水平}= H \times \tan \text{ZG} \tag{1-1}$$

垂直观测角，即为飞行员观测地标的观测线与铅垂线之间的夹角。

方法分类：尺算法、心算法和目测法。

课堂练习：

① 已知机场标高+50米，检查点的标高+200米。飞行中，保持相对高1800米到达检查点正侧方时，从左翼5倍高度处观察到检查点。求飞机相对于检查点的精确位置？

② 已知机场标高+100米，检查点的标高+500米。飞行中，保持相对高4000米到达检查点正侧方时，从右翼3倍高度处观察到检查点。求飞机相对于检查点的精确位置？

（4）用显著地标选定飞行方向

一是用平行于航线的线状地标选定应飞航向；二是向显著地标飞行。本部分以演示教学法为主，即利用飞机模型结合图片进行演示，增强教学的直观性，使学员认识和掌握利用显著地标选定飞行方向的方法。同时，讲述"总理引领走出迷航"案例，使学员在学习过程中，认清该方法的实用价值，感受周恩来总理的伟大智慧。

（5）各种因素对地标领航的影响

教员采用小组讨论式教学法，让学员以小组为单位分析总结不同地形特点，不同飞行速度和高度，季节、昼夜和不同气象条件下，对地标领航的影响，培养学员团队合作、沟通表达能力及运用马克思主义认识论指导

实践的思维能力。学员派代表上台总结，教员对每组学员的学习成果进行点评，并再次强调，采用地标领航，要以马克思主义认识论指导自己，坚持从实际出发，细心研究，认清规律，以保证该方法为己所用。

3.课后：课程思政总结反思

① 总结如何利用马克思主义认识论观点研究地标领航问题。希望学员在今后的学习中，能够实事求是，坚持从实际出发，透过现象看到事物的本质，养成准确应变、综合判断的职业素养。

② 布置课后拓展学习任务，让学员观看《战斗机飞行员眼中的地标》《9分钟带你看中国地标》《习近平的红色足迹》等视频，增添学员学习飞行的兴趣，坚定飞行事业心；培养学员家国情怀，坚定中国共产党的领导。

学员课堂随感（地标领航）

课程名称	空中领航	授课教员	卢永吉
姓　　名	王俊鑫	授课时间	2021.07.27
课程育人 切入点 （课程内容）	由"红色地标"入手，注入红色基因教育，培养学员的民族自豪感、家国情怀和矢志飞行意识；让学员了解马克思主义认识论，培养学员凡事从实际出发，能够透过现象认清地标领航本质问题，养成准确应变、综合判断等职业素养。		
教员的一句 良言	明确目标，找准位置，把握航向。		
核心价值观 与做人做事 的道理	传承红色文化基因，共同感受信仰的力量。世界上的事物都是互相联系的，不要孤立地看问题；事物是发展变化的，不要静止地看问题；只有抓住事物的规律性的东西，才能真正认识到客观事物的真面目。		
学员的体会、 感悟	"横看成岭侧成峰，远近高低各不同"，游山所见如此，辨认地标也是如此，只有结合具体情况，充分利用地标相关位置和地标本身特征，准确应变，综合判断，才能避免认错地标、定错位置、飞错航向。		

准时到达

现代战争是诸军兵种的联合作战，对时间的要求具有高度的准确性。航空兵准时到达目标（预定地点），是保证空空、空地之间协同的重要方面，如果在时间上稍有误差，就可能破坏协调计划，贻误战机，甚至造成损失。因此，飞行员必须具有严格的时间观念，务必做到准时到达。

一、教学目标

（一）知识目标

掌握按应飞地速调整速度、按固定时间调整速度和按固定速度调整时间3种调整速度准时到达的原理与计算方法；掌握改变转弯点和转弯绕飞两种改变距离准时到达的原理与计算方法；掌握最短距离的计算方法与应用。

（二）能力目标

掌握准时到达的基本原理、相关计算、地面准备与空中实施的主要内容，能够根据飞行任务的具体情况，综合分析，灵活运用各种方法，实现准时到达。

（三）素质目标

具备探究意识，树立严格的时间观念；坚定中国共产党的领导，强化家国情怀、大局意识和团队精神；养成认真准备、精细操作的职业习惯。

本部分内容的逻辑关系如图1.8所示。

图 1.8 准时到达内容逻辑关系

二、思政元素

"准时到达"教学内容中隐含的课程思政元素主要体现在以下几点。

思政点1：坚定中国共产党的领导——准时到达的原理

中国共产党成立100周年空中梯队飞行庆祝表演于2021年7月1日清晨开始。在中国共产党迎来百年华诞的神圣时刻，参加飞行庆祝表演活动的5个梯队、71架飞机，沿着预定航线，均能按照各自的指定时刻准时到达天安门广场上空，向党致敬，向祖国致敬，向人民致敬。鲜红的中国共产党党旗，由一架直升机悬挂牵引，两架直-10型武装直升机护卫，迎风向前。4架运输直升机，悬挂着4面巨幅标语紧随其后 ——"伟大的中国共产党万岁""伟大的中国人民万岁""伟大的中华人民共和国万岁""全国各族人民大团结万岁"。伴随着由远而近的轰鸣声，由29架直-10型、直-19型直升机组成的巨大的"100"字样出现在天空上，象征着中国共产党走过百年光辉历程。这一百年是矢志践行初心使命的一百年，是筚路蓝缕奠基立业的一百年，是创造辉煌开辟未来的一百年。10架歼-10型战斗机组成"71"字样呼啸而至，向党送上生日祝福。党的盛典，人民的节日。江山就是人民，人民就是江山。坚持以人民为中心，我们党将无往而不胜。15架歼-20型飞机组成3个编队，沿着党旗指引的方向振翅奋飞。歼-20型飞机是人民军队列装的先进隐身战机，如此大规模的歼-20编队飞跃天安门广场尚属首次。百年大党风华正茂，千秋伟业征途如虹。10架教-8型飞机划出一道道彩带，绚丽的天空、壮美的山河交相辉映。在党的旗帜引领下，中国、中国人民、中华民族正走向更加光辉的未来。以"中国共产党成立100周年空中梯队飞行庆祝表演活动"作为"准时到达"的典型案例，通过播放飞行庆祝表演视频，强化学员飞行事业心与使命意识，坚定中国共产党的领导。

思政点2：家国情怀——准时到达的战术价值

志愿军第一次轰炸大和岛。1951年6月上旬，随着朝鲜战争第五次战役的结束，中朝联军与以美国为首的"联合国军"在三八线附近形成了相持态势，战争也由此转入了漫长的停战谈判阶段。在谈判过程中，美国凭借强大的海空优势，提出了许多苛刻条件，均被中朝方面严词拒绝。美方代表称，朝方需以开城地区的土地为代价，换得联合国军队从西部海岛撤军。志愿军于是决定收复这些海岛，以打掉美方的谈判筹码。这些岛屿包括大和岛及周边地区。1951年11月6日下午，空8师22团2大队杜-2轰炸机9架，由大队长韩明阳率领，从沈阳于洪机场起飞，对大和岛进行轰炸。空2师4团出动拉11歼击机16架，由副团长张华率领，从凤城机场起飞，与轰炸机会合后，担任直接护航。空3师7团出动米格-15歼击机24架，在宣川南面身弥岛上空负责警戒，掩护轰炸机部队执行任务。这次作战，由于行动突然，各机种均准时到达指定地点、配合默契，轰炸机把全部炸弹投向大和岛上的目标，命中率达90%，彻底摧毁了预定目标，有力地配合了地面登陆部队。结合"志愿军空军第一次轰炸大和岛"案例，介绍本次空战的历史背景、参战兵力、轰炸航线和作战方案等内容，培养学员的准时到达意识、家国情怀和团队精神。

思政点3：大局意识和团队精神——准时到达的方法

作为"备份"接受检阅。在电影《我和我的祖国》"护航"篇章里，宋佳饰演的飞行员吕萧然，因素质过硬，组织为了保证阅兵的万无一失，因此安排她作为能够处理各种应急突发情况的"备份"成员。因为"你是最好的，所以才安排你为备份"。影片讲述的内容就是以女飞行员陶佳莉的故事为蓝本，打动了无数国人。在2015年胜利日阅兵上，领队机梯队驾驶国产歼-10A战斗机驶过天空，有两名女飞行员作为"备份"，和编队一起从机场起飞，但没有通过天安门广场，其中一位就是陶佳莉。在胜利日阅兵当天驾驶国产战机飞过天安门上空，这是莫大的荣耀。但陶佳莉多次表示："不到阅兵场，也是种检阅，检阅集体主义精神，检阅对待不同分工的工作标准。任务或有'备份'之分，思想却不能有'备份'之念！"通过分享女飞行员陶佳莉作为"备份"接受检阅的故事，引导学员树立大局意识，强化团队精神。

课程思政点与教学内容对照见表1.4。

表 1.4　课程思政点与教学内容对照

序　号	教学内容	思政点
1	准时到达的原理	坚定中国共产党的领导
2	准时到达的战术价值	家国情怀
3	准时到达的方法	大局意识和团队精神

三、课程思政教学设计内容

（一）本次设计的课程思政目标

具备探究意识，树立严格的时间观念；坚定中国共产党的领导，强化家国情怀、大局意识和团队精神；养成认真准备、精细操作的职业习惯。

（二）课程思政教学设计

1.课前：课程思政引入

播放《中国共产党成立100周年空中梯队飞行庆祝表演活动》视频，引入"准时到达"的典型案例。2021年7月1日清晨，在中国共产党迎来百年华诞的神圣时刻，参加飞行庆祝表演活动的5个梯队、71架飞机，沿着预定航线，都能按照各自的指定时刻准时到达天安门广场上空，向党致敬，向祖国致敬，向人民致敬。飞机以每小时450～550公里的速度飞行，都能按照各自的时刻准时到达，他们是怎么实现的呢？坚定听党指挥，由此引出授课内容。

2.课中：课程思政贯穿授课过程

（1）准时到达的原理与战术价值

为了使飞机准时到达目标，首先要按照规定到达目标的时刻和从起飞到目标所需要的飞行时间，准确地反算出起飞时刻；然后在距目标一定距离的地方选好检查点，并反算出到达该检查点的时刻，以便在空中检查时刻误差。飞行中，应按时起飞，并严格保持好飞行数据。到达检查点时，将实际到达时刻同预计到达时刻相比较，如果发现两者不符，即说明存在时刻误差。确定时刻误差以后，就应该采用一定的方法消磨早

到时间或补偿晚到时间。教员通过启发式教学法，引导学员探究准时到达的原理。

【思政贯穿】

教员介绍志愿军第一次轰炸大和岛战役的历史背景、参战兵力、轰炸航线、作战方案，以及实施过程和取得的效果。轰炸机编队与歼击机编队准时完成护航会合，最终彻底摧毁了预定目标，有力地配合了地面登陆部队。通过案例分析，提高学员的准时到达意识，砥砺家国情怀，激发使命担当。

（2）调整速度准时到达

飞行中，发现飞机将要晚到目标时，可以增大速度以补偿晚到时间；将要早到目标时，可以减小速度以消磨早到时间。显然，只要使调整速度后沿航线飞向目标的时间等于剩余的时间，飞机就能准时到达目标。这便是调整速度准时到达的实质。

【思政贯穿】

教员通过视频《零秒到达——空中领航专项训练》（图1.9），向学员展示准时到达的概念、评测方法，以及具体实施过程。

图1.9 《零秒到达——空中领航专项训练》视频截图

调整速度准时到达，具体做法有3种：一是按应飞地速调整速度。这种方法是按剩余距离和剩余时间求出应飞地速，然后保持应飞地速一直飞到目标。要使飞机按应飞地速飞行，必须调整真速，保持相应的应飞真速飞行。由于真速变化量同地速变化量近似相等，因此常以应飞地速同实际地速相比较，计算出地速修正量，再按此修正量改变真速，就可使飞机按应飞地速飞行。二是按固定时间调整速度。这种方法是使从机场到目标的总飞行时间固定不变，即令每段航线的飞行地速都等于预计的地速，而去调整每段航线飞行的真速。这样，知道到达目标的时刻后，就很容易反算出起飞时刻。这种方法适用于到达目标时刻不明确或者到达目标时刻经常变化的情况。三是按固定速度调整时间。这种方法是增加（或减少）一定的速度，飞适当的时间，再恢复到原来的速度飞行，在增加（或减少）一定速度飞行适当的时间后，即消除了时刻误差。

显然，上述3种方法适用于不同的飞行情况。为了让学员更好地理解，教员在教学过程中，结合阅兵飞行、指定空域拦截目标等任务，设置具体的问题情境，培养学员的探究意识；通过《零秒到达 —— 空中领航专项训练》视频资源，使学员了解阅兵飞行的整个流程，培养团队精神。

随后，以电影《我和我的祖国》为素材资源，挖掘阅兵背后的故事 —— 作为备份，迎接一场特殊的"检阅"。2015年胜利日阅兵，女飞行员陶佳莉得知自己被确定为"备份"后，没有丝毫委屈："对于一个团队来说，每个人同等重要，只是分工不同而已。我可以代表战友接受习主席接见，也同样可以站在战友身后当好替补。""不到阅兵场，也是种检阅：检阅集体主义精神，检阅对待不同分工的工作标准。"通过真实的人物故事，引导学员树立大局意识和团队精神。

（3）改变距离准时到达

飞行中，发现飞机早到或晚到预定地点时，也可以保持原来速度不变，用增长或缩短飞达预定地点距离的方法，使改变距离以后的飞行时间等于剩余时间，飞机就可以准时到达预定地点。教员通过启发式教学法，引导学员探究改变转弯点准时到达、转弯绕飞准时到达的原理，以及最短距离的计算方法。改变转弯点准时到达如图1.10所示（延截航线法和偏出航线法），转弯绕飞准时到达如图1.11所示。

【思政贯穿】

教员以《比预定时间早到了4分钟》视频为素材，通过"志愿军第三次轰炸大和岛，轰炸机编队早到4分钟"的惨痛教训，强调准时到达的重要性，加强学员的重视程度。

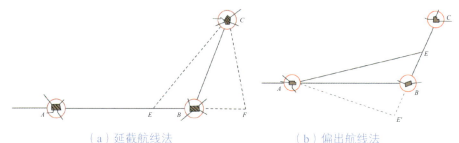

（a）延截航线法　　　　　　　（b）偏出航线法

图 1.10　准时到达示意

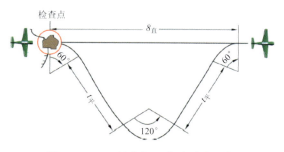

图 1.11　60°转弯绕飞准时到达示意

（4）准时到达的地面准备与空中实施

【思政贯穿】

解决领航问题，需要把握两条主线：一是地面准备；二是空中实施。在前面讲授准时到达原理和基本方法的基础上，教员通过设置问题情境，让各小组用不同的方法解决准时到达问题，围绕地面准备和空中实施两条主线，讨论准时到达的主要内容，培养学员的探究意识以及认真准备、精细操作的职业习惯。

3.课后：课程思政总结反思

未来的零秒，可能是决定战斗胜负的关键，"到达"的位置可能是战斗胜负的分水岭。团队的力量、高科技的支撑、人员的精细化操作，实现了今天的零秒到达。这不再是一个普通的领航概念，而是我军为了适应现代战争的需要，提炼出来的一种精神。未来的战争是立体化战争，需要多军兵种联合作战，精确集结、精细操作、准确打击是基本要求，有了这种米秒不差、准时到达的精神，人民空军将无坚不摧，成为捍卫祖国的长空铁翼。

学员课堂随感（准时到达）

课程名称	空中领航	授课教员	卢永吉
姓　　名	金宗赞	授课时间	2021.08.14

课程育人切入点（课程内容）	以中国共产党成立 100 周年空中梯队飞行庆祝表演活动为例，剖析准时到达的原理；引入志愿军第一次轰炸大和岛的案例，说明准时到达预定目标的重要性；通过设置问题情境，引导学员运用不同方法解决准时到达问题，培养探究意识和认真准备、精细操作的职业习惯。
教员的一句良言	任务或有"备份"之分，思想却不能有"备份"之念。
核心价值观与做人做事的道理	准时到达不是飞行员一个人的表演成绩，而是整个飞行保障团队的合作成果；准时到达不是一个时刻的短暂辉煌，而是长期准备、精细操作的过程叠加。
学员的体会、感悟	准时到达，气象保障是关键，天气预报准确性、风的测量准确程度都对准时到达影响很大。配备多普勒雷达、风廓线雷达等新型探测装备是气象预报的基础，也是准时到达的关键。

领航常见应急情况处置

领航工作贯穿于飞行的全过程，在实施领航中，有可能出现一些应急情况，而且一旦发生了这些情况，如果处置不当不仅会影响飞行任务的完成，还会危及飞行安全。因此，必须对可能出现的领航应急情况进行综合分析、找出其处置方法，这样才能在发生应急情况时迅速采取相应措施，保证飞行安全。

一、教学目标

（一）知识目标

归纳迷航的原因及防止迷航的措施，掌握迷航后应采取的措施；熟悉飞向备降场的领航准备内容和空中实施程序。

（二）能力目标

掌握向导航台飞行、向定向台飞行、按着陆雷达、向线状地标等常用复航方法；掌握绕云飞行的方法，初步具备处置领航应急情况的能力。

（三）素质目标

具备科学精神、探究意识和过硬的心理素质，养成充分准备、严谨操作、遵章守纪的职业习惯。

本部分内容的逻辑关系如图1.12所示。

图 1.12　领航常见应急情况处置内容逻辑关系

二、思政元素

"领航常见应急情况处置"教学内容中隐含的课程思政元素主要体现在以下几点。

思政点1：红色基因下的航空梦——迷航的原因

中国工农红军的第一架飞机。1930年3月16日，"九·一八"事变前，龙文光驾驶的一架国民党军用飞机因为迷航迫降大别山南部的革命根据地。连人带机被俘虏，之后徐向前等鄂豫皖红军领导人接见了龙文光，欢迎他参加红军。龙文光在中国工农红军的关怀下弃暗投明，成为人民军队的飞行员。在龙文光的帮助下，飞机重新装配修复，并在机翼上绘制了两颗红星。十月革命胜利后，鄂豫皖苏维埃政府将这架飞机命名为"列宁"号。"列宁"号飞机的缴获极大地鼓舞了根据地军民的斗志。1931年，"列宁"号飞机由卡房飞到新集，军委决定成立鄂豫皖军委航空局，任命龙文光为局长，钱均为政委，局址设在新集普济寺内，这是红军的第一个航空局。

思政点2：探究意识和科学精神——防止迷航和迷航后的处置

飞行中，不能判明飞机位置，无法确定应飞航向，以致不能按预定的计划完成飞行任务叫迷航。迷航是严重的领航事故，不仅会影响任务的完成，而且处置不当，还可能危及飞行安全。为了防止迷航，以及在万一发生迷航以后能够正确处置，需要对迷航的原因、防止迷航的措施以及迷航后的处置方法进行分析和研究。在课堂教学中，教员通过引入迷航事故，培养学员的探究意识，引导学员归纳总结迷航的原因，即领航准备不充分、空中工作疏忽大意或发生严重差错、违反领航规则、未能正确处置特殊情况、组织指挥不严密。针对迷航的原因，应着重做好以下几方面的工作：认真进行领航准备；严格遵守各项规定；细致做好空中工作；沉着处置特殊情况；严密组织指挥。一旦发生迷航，飞行人员应沉着而迅速地采取相应措施，并采用适当的复航方法。

思政点3：良好的心理素质和职业素养——空中临时改航

"英雄机长"刘传健的故事。2018年，四川航空的机长刘传健在一起万分紧急的飞行事故中凭借惊人的意志和精湛的技术挽救了128人的生命，他也因此被人们誉为"英雄机长"。2018年5月14日，刘传健和往日一样，驾驶着3U8633航班从重庆江北机场起飞，准备飞往拉萨。这条线路他已经

驾驶过100多次了，可没想到这次是不寻常的一次。早上6点27分，在刘传健完成了对飞机的所有检查后，飞机从重庆江北机场正常起飞。半个多小时之后，飞机抵达青藏高原上空。这时的飞行高度接近万米，飞机进入了平稳飞行状态。那天的天气非常好，从飞机上甚至可以看到地面的层峦叠嶂。刘传健和副机长都认为这将是一次顺利的飞行。可是，危险总是来得让人猝不及防。7点06分，突然"砰"的一声巨响。刘传健迅速观察，发现驾驶舱右边的风挡玻璃出现了裂纹。他用手触摸裂纹之后判断飞机的承受力会下降，于是抓起话筒向地面管制部门发出"风挡裂了，我们决定备降成都"的信息。还没等到地面做出指示，玻璃又连续发生了3次爆裂，完全碎了，飞机随即和地面失去了联系。这个时刻，每多犹豫一秒，飞机就会多一分危险。危急时刻，刘传健当机立断，立刻调转机头，向成都方向飞去。玻璃破裂带来了机舱内外的巨大压差，随之而来的还有强风、缺氧、巨大噪声以及零下四十多度的低温。身着短袖制服的他冻得浑身发抖，氧气面罩也因为狂风无法戴上。事后他回忆说，那几分钟只能靠意志力硬撑。在事故发生之后的34分钟里，刘传健以惊人的判断力和近乎完美的操作将飞机从9800米不断下降到6600米、3900米。在青藏高原复杂的地形上以及和塔台失去联系的情况下，飞机最终安全降落至成都双流机场。

课程思政点与教学内容对照见表1.5。

表 1.5 课程思政点与教学内容对照

序　号	教学内容	思政点
1	迷航的原因	红色基因下的航空梦
2	防止迷航和迷航后的处置	探究意识和科学精神
3	空中临时改航	良好的心理素质和职业素养

三、课程思政教学设计内容

（一）本次设计的课程思政目标

具备科学精神、探究意识和过硬的心理素质，养成充分准备、严谨操作、遵章守纪的职业习惯。

（二）课程思政教学设计

1.课前：课程思政引入

世界航空史曾有这样一件趣事：1978年，飞行员杰伊·普罗奇诺驾驶塞斯纳188型飞机，因机载自动定向仪损坏，被困在南太平洋上空陷入绝境。此时，一架载有88名乘客的客机恰好从附近经过。于是，上演了"大飞机找小飞机"的神奇一幕，堪称现实版的"大海捞针"。由此，引出授课内容。

2.课中：课程思政贯穿授课过程

（1）迷航的原因及防止迷航的措施

飞行万里不迷航，是飞机高效可靠完成各项任务的前提。早期，飞机导航方式较为单一，受复杂地貌和空中不稳定气流的影响，飞行员很容易迷失航向。如今，飞机上的导航设备越来越先进，是否还存在迷航的可能呢？

【思政贯穿】

教员通过引入飞机迷航事故案例，引导学员分析迷航的原因，归纳总结防止迷航的措施，培养学员的探究意识。

（2）迷航后的处置与复航方法

迷航后，飞行人员应沉着而迅速地采取下列措施：

① 立即报告，检查油量，计算可飞时间，并打开敌我识别器。

② 采取有利高度和久航速度飞行，继续保持原航向或在显著地标上空盘旋，禁止任意改变航向、盲目下降高度。

③ 按预定复航方法或地面指挥引导复航。

④ 长机迷航时，应向僚机询问位置，必要时，可让僚机领航。

⑤ 创造有利复航的条件：敌区战区回我区，海上飞回陆地去，山区飞向平原地，坏天气飞向好天气。同时，还应根据当时情况，采取有利于观察地面、有利于使用无线电领航设备、便于被地面雷达发现和能够避免地磁异常区对磁罗盘有影响的高度飞行。

⑥ 迷航后，应一边采取上述措施，一边检查所记载的数据和资料，分析飞过航迹，确定迷航区域，力争在不做大的机动飞行前尽早复航。

⑦ 当采取各种措施仍不能复航时，飞行人员应本着向人民、自己负责的精神，在油料耗尽前，选择较平坦的场地迫降或跳伞。

复航方法：

① 向导航台飞行复航。向导航台飞行复航是最简单可靠的复航方法，一般情况下均可采用。实施时，应确实判明是否调到所需的导航台，以防止飞错。在飞向导航台的过程中，应根据当时航向和电台相对方位角，在地图上画出飞机方位线，并从迷航区域起推算飞过距离，用地图和地面对照，力求在飞抵导航台之前复航。如果在飞抵导航台前未能复航，则应根据通过导航台的时机来判定飞机的精确位置。

② 向定向台飞行复航。向定向台飞行复航，也是常用且可靠的复航方法。复航时应先与定向台沟通联络，然后根据定向台通报的复航航向，保持通报的复航航向飞向定向台。在向定向台飞行过程中，应在地图上画出飞机方位线，用地图和地面对照，设法确定飞机位置，力争尽早复航。如不能尽早复航，随着时间的推移，飞机在逐渐接近定向台时，应注意增加连续询问方位的次数，以准确判断通过定向台的时机，并以此复航。

③ 按雷达引导复航。当发生迷航后，也可按地面雷达引导复航。复航时，可先按规定与地面引导雷达沟通联络，然后按雷达通报的飞机位置或复航航向，设法确定精确位置。

④ 向线状地标飞行复航。向线状地标飞行复航通常在能见地面、有足够燃油，且不宜用其他方法复航时采用。实施时，首先选择一条明显的线状地标，然后采取和线状地标近似垂直的航向飞去，以便及早发现。选择的线状地标应在迷航区域以外。选择迷航区域以内的线状地标，可能会发生飞反方向的严重后果。离开迷航区域时，记下时刻、航向、空速和高度，并预计出到达该线状地标的概略时刻。在向线状地标飞行的过程中，随时推算飞机位置的可能区域，用地图和地面对照，力求在飞抵该线状地标之前就能复航。如果飞到了线状地标还未复航，就应沿着该线状地标飞行，搜索显著地标，直至复航为止。

【思政贯穿】

教员让学员以所学的知识内容为基础，总结迷航后飞行人员应采取的措施，培养学员的科学精神与遵规守纪意识；设置问题情境，引导学员运用无线电领航、地标领航、推测领航等方法，解决复航问题，培养学员的探究意识与解决飞行实际问题的能力。

（3）空中临时改航

飞行中，因为天气突然变坏或其他特殊情况，有时需要飞向备降场着陆，有时还需要穿越雷暴区飞行，这些都需要进行空中临时改航。要正确实施空中临时改航，就必须了解飞向备降场和穿越雷暴区的方法及采取的相应措施。

【思政贯穿】

教员以《〈开讲啦〉20191109听轰炸机飞行员陈亮开讲》视频为素材资源，让学员聆听空军航空兵某团团长陈亮的故事，使学员更加了解飞行、敬畏飞行，培养法规意识与责任意识。以电影"中国机长"视频片段为素材资源，结合飞向备降场和绕云飞行知识内容，讲授英雄机长刘传健的故事，使学员养成良好的心理素质和职业素养。

3.课后：课程思政总结反思

领航中出现应急情况是很正常的事情。虽然应急情况具有突发性、意外性、危险性等特点，但只要我们弄清其产生机制，有针对性地抓好安全管理工作，提高飞机的运行质量和各系统的工作可靠性，提高机组的飞行能力以及遵章守纪、严格按标准程序操纵飞机的自律能力，坚持在预想预防上下功夫，安全是可以保证的。"搏击长空心向党，飞行万里不迷航。"这是习近平主席对广大飞行人员的谆谆教导，也是一代代空军官兵始终践行、永远不变的忠诚品格。新时代的强军接力棒已传到我们手中，唯有苦练精飞，方能不辱使命。

学员课堂随感（领航常见应急情况处置）

课程名称	空中领航	授课教员	卢永吉
姓　　名	邱小桐	授课时间	2021.08.16
课程育人切入点 （课程内容）	通过分析迷航的原因、防止迷航的措施以及迷航后的处置方法，培养学员的探究意识和科学精神；结合空中临时改航，讲授"英雄机长"刘传健的故事，引导学员养成良好的心理素质和职业素养；讲授红色基因下的航空梦，坚定学员矢志飞行的意识。		
教员的一句良言	不忘来时路，方知向何行。		
核心价值观与做人做事的道理	飞行是勇敢者的职业，苍穹没有避风港；把平凡做到了极致就是非凡；敬畏生命，敬畏责任，敬畏规章。		
学员的体会、感悟	时代在进步，飞机上的设备越来越先进，飞行安全有了更大的保证。但要记住，任何时候，技术保证都是有限的，而人的责任心和自身能力，却是飞行安全的第一保证。		

第二篇

"综合航空电子系统" 课程思政

第一部分 课程概述

一、课程性质与定位

"综合航空电子系统"课程是航空飞行与指挥（飞行技术）专业的必修主干课程，是理解航电各子系统的工作原理、理解航电系统综合化技术、正确运用航电系统相关信息、形成运用理论解决飞行实际问题的能力、为后续机型改装打牢理论基础的重要航空理论课程之一，对航空飞行与指挥飞行人才培养具有重要支撑作用。本课程以现役飞机航电各子系统的基础理论为立足点，实现基础航理与装备应用的有机融合，并着眼于未来装备发展。课程注重航空电子系统与飞行实践的关联，提升飞行人员运用相关信息判断飞行状态，并具备初步的故障判断与特情处置的能力。

二、课程教学目标

学员通过本课程的学习，能够系统掌握综合航电各子系统的基本原理，初步具备运用理论分析和解决飞行实际问题的能力；形成运用相关信息判断飞行状态的态势感知意识；深化对航电系统综合化的理解；建立在复杂情况下对装备的信任感；具备一定的自主学习能力、主动创新意识、问题求异思维和团队合作精神。

三、课程思政理念

深入挖掘"综合航空电子系统"课程中隐含的思政元素，通过思政内容和课程的有机融合，使学员树立社会主义核心价值观、科学精神和战斗精神，增强家国情怀、文化自信、团队协作、飞行事业心和航空工业装备发展自信，加强辩证唯物主义理论的学习。

要做到思政内容与课程的有机融合，需要把握融入的思政内容比例、时机频次、方法技巧。巧妙和科学的课程思政内容设计，是将思政内容这颗明珠犹如"天女散花"般"撒"在课程内容中，起到画龙点睛的作用；适度设计融入节点和融入频次，采用潜在的、不易察觉的隐性传播方式，做到专业内容与思政内容"转场自然"，使学员情感与思想自然升温，"水到渠成"；在知识传授中呈现思政元素，使课堂教学集知识、技能、思政"三位一体"，实现学员情感态度、价值观等方面的多重显效；课程目标由知识传授转化为价值引领，使课程思政"全方位、立体化"。

第二部分　课程思政案例

大气数据系统

飞行高度、速度是判断飞行状态、正确操纵飞机的重要参数，这些参数是由大气数据系统提供的。大气数据系统作为飞机上重要的信息源之一，不仅为飞行员提供高度、速度等大气数据，而且还是飞行控制、惯性导航、火力控制、环控、发动机、弹射救生等系统的必要输入，其精度和可靠性直接影响飞机整体性能，是保证安全飞行和完成精确打击的重要保障。

一、教学目标

（一）知识目标

说出空速管的功用和分类，解释空速管的收集原理，掌握其使用方法；了解飞行高度、速度等大气数据的定义及作用，理解其测量原理；解释各大气数据传感器的工作原理；理解分立式全静压仪表和集中式大气数据系统的工作原理，学会其应用方法；了解分布式大气数据系统的设计理念和特点。

（二）能力目标

具备正确使用大气数据仪表的能力；具备高度、速度仪表工作的准确判断和正确处置能力；能够运用已学理论知识搭建新的系统解决原系统存在的弊端。

（三）素质目标

注重从理论依据到工程实践的思维转化意识；具备归纳总结能力、开拓创新精神，激发学习科学理论的兴趣，建立对装备的充分信任感。

本部分内容的逻辑关系如图2.1所示。

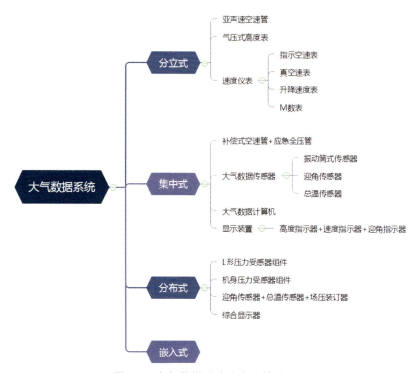

图 2.1　大气数据系统内容逻辑关系

二、思政元素

"大气数据系统"教学内容中隐含的课程思政元素主要体现在以下几点。

思政点1：科技进步的魅力——空速管

空速管是飞机上的重要设备，主要用来收集气流的全压和静压，并把

它们输送给飞机上需要全压和静压的仪表或系统。但是它的存在对新型隐形战斗机来说，无疑会增加辐射面积。随着科学技术的进步，飞机上越来越多的设备会被新设备取代，很多设计上的缺陷也会被弥补。现代最新型隐形战斗机上的机头空速管被嵌入式传感器取而代之，这样便能够通过表面测压技术获得所需数据。取消机头空速管，不但能提高战机的隐身性，而且使雷达的安装空间变得更大，能够装备更新型的有源相控阵雷达，从而提升战机的作战能力。热爱科学，勇于钻研探索的创新精神是人类永恒的话题。空速管被嵌入式传感器所取代，是科学技术是第一生产力的经典论断的工程实践。

思政点2：工匠精神——膜盒式仪表

飞机的气压高度、指示空速、真空速、升降速度、马赫数等大气数据，都是利用飞机外部大气全压、静压，并通过相应数学公式解算而获得的。早期分立式全静压仪表都是机械式仪表，通过金属膜盒、机械传送机构完成数学公式的解算。这是设计者的巧妙构思和制造者的精益求精工艺的结晶。

思政点3：学有所悟、行有所止——马赫数表的一条"红线"

在跨声速和超声速飞行时，空气压缩效应明显，升力系数不仅与迎角有关，还与马赫数有关。所以，只根据指示空速不能反映空气动力情况，还必须用到马赫数。而激波失速通常在马赫数相同而表速不同的情况下发生。所以，高速飞行时，飞行员必须关注马赫数表。有的马赫数表上有一个红色标记（红线），这是提醒飞行员注意，接近此马赫数时，飞机的空气动力情况将发生很大的变化。这一条"红线"也是提醒我们要做到："学有所悟、行有所止"，要坚守底线，要有边界意识。

思政点4：系统设计理念——分布式大气数据系统

随着航空技术的发展，飞机的机动性、敏捷性、精确打击能力逐步成为重要指标，新一代飞机对大气数据的精确测量提出了新的要求。大气数据系统在不同环境下、不同飞行条件下的精确性、可靠性对飞机的高机动安全飞行、作战性能具有重要的意义。与分立式全静压仪表相比，分布式大气数据系统（distributed air data systems，DADS）是在集中式大气数据系统的基础上衍变发展而来的，大大精简了动静压传输管路，以电信号传输方式取代传统的压力传输方式，提高了系统空间利用率，改善了大气信息的动态响应，减轻了系统重量，降低了除冰系统的功耗以及设备维修成本，具有集成度比较高、维修费用低、功能齐全等优点。其功能越来越完善和强大，结构也越来越复杂，一般采用半导体技术、余度技术等设计理念来提高系统的可靠性、实时性、准确性。

课程思政点与教学内容对照见表2.1。

表 2.1　课程思政点与教学内容对照

序　号	教学内容	思政点
1	空速管	科技进步的魅力
2	膜盒式仪表	工匠精神
3	马赫数表的一条"红线"	学有所悟、行有所止
4	分布式大气数据系统	系统设计理念

三、课程思政教学设计内容

（一）本次设计的课程思政目标

养成严谨、科学的思维逻辑，精益求精的工作态度，先进的系统设计理念以及良好的政治素养等。

（二）课程思政教学设计

1.课前：课程思政引入

① 视频素材：《空速管的昨天、今天和明天》。

【思政贯穿】

课前，教员下发《空速管的昨天、今天和明天》视频（图2.2），使学员了解空速管的作用、发展以及对实际飞行的影响，激发学员学习兴趣，使学员感受科学技术进步给航空装备带来的巨大变化，从而树立克服困难、不断积极进取、开拓创新的信念。

空速管   压力受感器   压力传感器阵列

图 2.2　《空速管的昨天、今天和明天》视频截图

2.课中：课程思政贯穿授课过程

① 理论基础：大气数据测量的数学模型。

② 工匠精神：膜盒式仪表的工作原理。

③ 政治素养：马赫数表的"红线"。

④ 设计理念：分布式大气数据系统的工作原理。

【思政贯穿】

飞行中，掌握和保持飞行高度、速度不但是完成飞行训练和作战任务的客观需要，也是保证飞行安全的重要前提。教员以飞行高度、飞行速度的数学理论公式为切入点，使学员了解大气数据的数学模型是实现测量的依据，重视学习理论公式的重要性，树立严谨、科学的思维逻辑。通过说明早期大气数据如何实现测量到指示来解释膜盒式仪表的工作原理，向学员展示膜盒式仪表的内部纯机械结构（图2.3），就是依靠这种膜盒和传动机构，从而完成数学模型的解算。这种设计的巧妙之处和工艺的精雕细琢，折射出"技能宝贵、创造伟大"精神，使学员感受到工匠精神的传承、执着和钻研，凭着这份专注和坚守，去缔造一个又一个的奇迹。同时，也借此引导学员对待飞行事业要有精益求精的工作态度。

边界意识是一种哲学智慧和哲学意识，以马赫数表上的一条"红线"为切入点（图2.4），强调严守纪律规矩，筑牢底线意识。底线是分界线，是做人做事的警戒线，不可踩，更不可越。作为飞行员，必须做到坚守底线，要有边界意识；要端正工作作风，不越红线，不破底线，切实形成自觉学习、自觉遵守党纪国法的良好氛围，形成优良传统和工作作风；在平时的工作和学习中，要做到"学有所悟、行有所止"，不断提高自身的思想政治素养。

图 2.3 膜盒式仪表内部结构 　　　　图 2.4 马赫数表上的一条红线

　　教员以集中式大气数据系统存在的弊端为牵引，引导学员设计一套可行的分布式大气数据系统结构，实施过程中，注意强调每一组成部分的重要作用。分布式大气数据系统将传感器以及解算模块进行高度集成，直接前置传感器以及解算模块，去除外界环境（温度、气压）测量时的气压传输通道，通过外部探头直接测量总压、总温、攻角等大气参数，形成了新的结构布局方法。大气数据系统是飞行器获得飞行过程中相对于外界环境的飞行参数的重要航电设备，可以说，飞机的安全飞行和性能体现直接受到大气数据的可靠性、实时性、准确性的影响。因此，飞行员常说："高度、速度就是生命。"

　　3.课后：课程思政总结反思

　　教学内容可加强学员对大气数据系统的整体认识，体会大气数据系统的精确性、可靠性对飞机高机动安全飞行、作战性能发挥的重要意义，为日后改装大气数据系统打下一定的基础，提升能力素质。通过课程思政，学员感受工匠精神，养成严谨细致的工作态度，强化严守纪律规矩，筑牢底线的"边界意识"。同时，分布式大气数据系统也体现了中国航空制造技术的飞速发展，由此增强学员民族自信心。

学员课堂随感（大气数据系统）

课程名称	综合航空电子系统	授课教员	廉凤慧
姓 名	王 盛	授课时间	2021.05.20
课程育人切入点 （课程内容）	通过对大气数据系统的学习，不仅可以掌握大气数据系统测量的重要理论，更能体会到大气数据在飞行训练中的重要意义。		
教员的一句良言	高度、速度就是生命。		
核心价值观与做人做事的道理	要养成严谨细致的工作作风；要有边界意识，严守纪律规矩，筑牢底线意识，不断提高自己的思想政治觉悟。		
学员的体会、感悟	懂得数学理论模型是大气数据测量的基础，同时也感受到我国航空制造技术的飞速发展。		

航向姿态系统

航向姿态系统是测量、显示和提供飞机航向和姿态信号的飞行仪表。这种系统主要由全姿态陀螺仪、磁感应传感器或天文罗盘以及全姿态指示器组成。它能向飞行员指示导航所需的航向和驾驶所需的倾斜角、俯仰角，还能为自动驾驶仪、火力控制系统、雷达、航空照相机等其他机载设备提供统一的航向和姿态信号。

一、教学目标

（一）知识目标

了解航向姿态系统的发展历程，掌握陀螺特性；理解航向姿态系统的组成、交联关系及工作原理，掌握其应用方法。

（二）能力目标

建立飞机航向、姿态的概念，具备应用陀螺原理分析分立式姿态设备特性及状态、应用方法及转弯侧滑仪辅助地平仪判断飞机姿态的能力；具备分析组合式航姿系统的姿态通道和航向通道工作原理的能力；能够正确按大圆圈航向实施远距飞行的能力；具备分析捷联航姿原理的能力。

（三）素质目标

注重飞行姿态、飞机航向测量的逻辑思维，具备依据设备判断飞机航向、姿态的信息素养；树立"姿态为王"的理念，在飞行错觉发生时，要以设备为改出依据，建立对装备的信任感，强化使命感及责任担当；感受航向姿态系统的蓬勃发展，为今后飞行先进战机打下坚实的理论基础。

本部分内容的逻辑关系如图2.5所示。

二、思政元素

"航向姿态系统"教学内容中隐含的课程思政元素主要体现在以下几点。

思政点1：事物的内在联系——陀螺特性

事物内在都是有联系的，陀螺特性及其现象是航向、姿态设备应用的

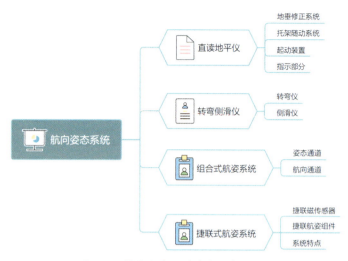

图 2.5　航向姿态系统内容逻辑关系

基础。陀螺的稳定性和进动性既互相联系，又能够互相转化。当没有外力矩作用或作用时间很短时，陀螺处于稳定状态，表现"定轴"或"章动"。当受到常值外力矩作用时，陀螺就从"稳定"转化为"进动"。一旦外力矩消失，陀螺立即在新的位置上稳定下来，从"进动"转化为新的"稳定"。例如，生活中的水在低温的时候能结成冰，冰却在高温的时候融化成水。所以说，世间万物都有很多这样的内在联系，要深刻理解其内在关系，为今后学习陀螺仪表、惯性导航系统等内容奠定基础。

　　思政点2：为人处事的基准——飞机姿态、航向测量原理

　　飞行中，飞行员要根据仪表（主要是地平仪）的指示，了解飞机的姿态。掌握地平仪的测量原理，需要从俯仰角和倾斜角的概念出发，得出其测量的基本条件——稳定地垂线的建立，即建立一个测量基准。航向的测量亦如此，需要找到磁子午线的方向，并建立测量的基准。在此，教员通过对液体摆和三自由度陀螺的特性分析，引导学员理解两者在模拟地垂线时的缺陷，思考如何将两者取长补短，让学员懂得扬长避短，看到每个人的长处和短处，取长补短。同时，要通过地垂修正系统和托架随动系统的相互配合，掌握飞机姿态测量的基准；通过磁传感器和陀螺机构的相互配合，找到磁子午线的方向，实现飞机航向的测量。进而延

伸到，人生也需要有一个正确的基准作为指引，才不会迷失方向。

思政点3：扎实作风和理论联系实际能力——地平仪故障处置原则

地平仪是飞机上获取飞行姿态的仪表，具有十分重要的作用，若其发生故障便会直接威胁飞行安全。因此，要学员打牢地平仪原理内容的学习基础，掌握设备故障判断、分析和处置原则，养成从全局的角度思考问题和解决问题的思维习惯，提升理论联系实际的能力；强调学思结合，鼓励学员运用所学的航空理论知识，解决飞行实际问题；要求学员提高飞行安全意识，提升学员的职业素养，为今后从事飞行工作打下坚实的基础。

思政点4：职业素养——陀螺磁罗盘使用方法

陀螺磁罗盘快速协调按钮的使用：起飞前接通电门后，按下快速协调按钮，协调罗盘；飞机较长时间转弯或做特技飞行后，由于积累误差较大，应在改为平飞20秒钟后，按下快速协调按钮，以便迅速地消除误差；飞机在地面滑出转弯过程中和起飞时，在空中转弯、盘旋、俯仰和有加（减）速等不稳定飞行状态时，不准按快速协调按钮；飞机通过强磁区时禁止按快速协调按钮。因此，协调按钮的使用方法可以总结为："两按两不按"。设备的使用都是飞行大纲明确规定好的，操作时必须按照操作规程实施，不得主观臆断。在日常学习和训练中，教员要求学员注重遵守规章制度和操作规程，提高飞行职业素养。

课程思政点与教学内容对照见表2.2。

表 2.2　课程思政点与教学内容对照

序　号	教学内容	思政点
1	陀螺特性	事物的内在联系
2	飞机姿态、航向测量原理	为人处事的基准
3	地平仪故障处置原则	扎实作风和理论联系实际能力
4	陀螺磁罗盘使用方法	职业素养

三、课程思政教学设计内容

（一）本次设计的课程思政目标

树立社会主义核心价值观，理解辩证唯物主义思想，养成学以致用的思维习惯和良好的飞行职业素养等。

（二）课程思政教学设计

1.课前：课程思政引入

① 视频素材：歌曲《陀螺》。

② 历史素材：航向的历史。

【思政贯穿】

课前，教员带领学员欣赏歌曲，使学员感受歌中的含义——人生，就像陀螺一样不停地转。指南针是中国古代四大发明之一，是中国古代劳动人民在长期的实践中对磁石磁性认识的结果，对人类科学技术和文明的发展起了不可估量的作用。故有北宋沈括的《梦溪笔谈》卷二十四，其文曰："方家以磁石摩针锋，则能指南。"上述思政元素的引用，使学员感受古代华夏劳动人民在长期实践中对物体磁性的逐步认识，体会我国古人的智慧在飞机上的应用。

2.课中：课程思政贯穿授课过程

① 唯物思想：陀螺特性的矛盾。

② 核心价值观：飞机姿态、航向测量原理。

③ 职业素养：地平仪故障处置原则、陀螺磁罗盘使用方法。

【思政贯穿】

从陀螺的特性出发，结合动画展示陀螺运动的两种状态，说明事物内在都是有联系的。陀螺的稳定性力图维持自转轴在空间的方向不变，陀螺的进动性则要使自转轴的方向按一定规律改变。这两个矛盾着的因素互相斗争，贯穿三自由度陀螺运动的始终（图2.6）。辩证唯物主义思想的融入使学员体会到认识事物的基础必须要注意它的特殊性。

飞机姿态的测量需要建立一条稳定的地垂线，飞机航向的测量需要找到磁子午线的方向。可见，建立一个准确的测量基准是实现精确测量的前提。因此，姿态和航向的测量条件有异曲同工之处，都要建立测量

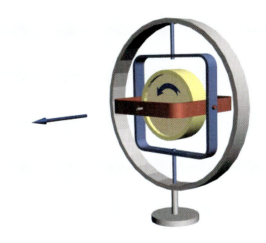

图 2.6　陀螺的特性

的基准（图2.7）。同时，也潜移默化地使学员懂得做人的基准和做事的标尺。设备故障直接影响着飞行安全，因此，要打牢航向、姿态设备应用的基础，始终遵守飞行规章制度，养成良好飞行习惯，提高飞行员的职业素养。

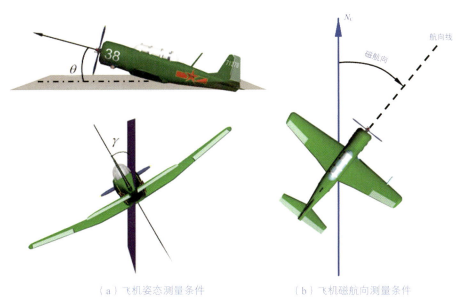

（a）飞机姿态测量条件　　　　　（b）飞机磁航向测量条件

图 2.7　姿态、航向的测量基准

3.课后：课程思政总结反思

教学内容可提升学员对飞机姿态、航向的认知，加强学员思维能力训练，培养学员科学精神和思辨能力。课程思政始终把培养学员正确的价值观作为核心，把"搏击长空心向党，飞行万里不迷航"作为基本要求，培养学员扎实的工作作风和理论联系实际的能力，进而提升学员的职业素养。

学员课堂随感（航向姿态系统）

课程名称	综合航空电子系统	授课教员	王春雨
姓　　名	许思悦	授课时间	2021.06.02

课程育人切入点 （课程内容）	了解航姿系统的发展历程；厘清航姿系统的基本原理；体会航向、姿态信息在飞行中的重要意义。
教员的一句良言	飞行中绝不能丢状态。
核心价值观与做人做事的道理	要有科学严谨的态度，要把飞行实际与航空理论结合；既要相信设备，也不能完全依赖设备，必须具备一定的思辨能力；飞行员是刀尖上的舞者，要敬畏飞行、敬畏生命。
学员的体会、感悟	要打好设备学科学习的理论基础，提高航姿系统仪表故障的判断和处理能力，提高对飞行安全的重视，强化自身的职业素养。

惯性导航系统

惯性导航系统（inertial navigation system，INS）由惯性测量单元（inertial measurement unit，IMU）构成，能够测量载体在惯性参考坐标系下的运动状态。惯性测量单元包括陀螺仪和加速度计两类传感器。惯性导航系统能够提供频率更高、更全面的导航信息，是一种全封闭且独立自主的导航系统，它不但具备连续解算载体位置、速度和姿态等信息的能力，而且可以在短时间内维持高精度定位，目前广泛应用于军事和民用领域导航。

一、教学目标

（一）知识目标

了解惯性导航的定义及发展历程；掌握惯性元件的组成及工作原理；掌握平台式惯导系统的组成及工作原理；了解初始对准的任务、要求及方法；掌握捷联式惯导系统的特点及基本原理。

（二）能力目标

具备通过分析设备（系统）的工作原理归纳总结其特性（特点）的能力；具备运用知识迁移方法分析问题、解决问题的能力；具备从实体平台向数字平台转化的思维能力。

（三）素质目标

建立抓住主要矛盾解决问题的意识；养成善于思考，求真探索的学习习惯；感受科学家科技报国的赤子之心，坚定飞行报国决心；增强装备自信和民族自豪感。

本部分内容的逻辑关系如图2.8所示。

二、思政元素

"惯性导航系统"教学内容中隐含的课程思政元素主要体现在以下几点。

思政点1：创新意识——惯性元件

惯性导航系统的惯性元件包括加速度计和陀螺仪。为了提高二者的精度，满足惯性导航系统的要求，挠性加速度计和挠性陀螺仪都是通过挠性支承替代轴承支承来提高自身精度的。挠性支承的最大特点是不存在摩擦

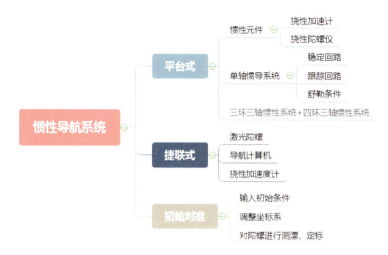

图 2.8 惯性导航系统内容逻辑关系

干扰，从而提高了设备测量精度。它从本质上改变了轴承支撑通过减小摩擦干扰提高测量精度的设计思路，是支撑方式的颠覆性改变。由此，鼓励学员当遇到问题用常规方法无法解决时，要大胆地尝试另辟蹊径，这样才可能"柳暗花明又一村"。

思政点2：装备自信——惯性导航系统的累积误差

惯性导航系统的主要缺点是其导航精度随时间增长而降低，为了解决这个问题，通常是将惯性导航系统与卫星导航系统组合使用，用卫星来校正惯导，消除惯导的累积误差，同时可用惯导弥补卫星易受干扰的缺陷。2020年7月31日，北斗三号全球卫星导航系统正式开通，标志着我国建成了独立自主、开放兼容的全球卫星导航系统，打破了国外在全球卫星导航领域的垄断局面，也间接提升了惯性导航系统在未来战场上的可靠性。目前，我国在导航制导技术领域已经跻身世界前列，由此提升学员对我军装备实力的自信，树立敢打必胜的勇气。

思政点3：矢志飞行和民族自豪感——激光陀螺

激光陀螺是环形激光器更为形象的说法，它既是自主导航定位系统的"心脏"，又是现代武器精准命中目标的"眼睛"。作为世界各国国防科技竞争的制高点，其是衡量一个国家光学技术发展水平的核心部件。1960年，美国制造出了全世界第一台激光器，随后研制成功的激光陀螺掀起了导航技术的革命，并以遥遥领先的优势对外实行技术封锁。我国以钱学森为首的科学家很早就意识到了这项技术的重要价值，可惜囿于国内工业基础薄弱，理论知识匮乏，全国十几家单位多番尝试后都被迫放弃了科研攻关。1975年，高伯龙加入了国防科技大学的激光陀螺研究室，在人心浮动的"退堂鼓"声浪中抛出一颗"定心丸"，以立军令状之姿表示必须白手起家干成这件事，填补这些空白。功夫不负有心人，经过20多年的攻关克难，他们接连不断地创造了一个又一个奇迹，用事实把无数"不可能"的质疑变成了响亮的"打脸"。1994年，我国成功研制了第一台激光陀螺工程化样机，成为仅次于美国、俄国、法国的第四个独立研制出激光陀螺的国家。高伯龙院士被誉为"中国激光陀螺之父"，他努力拼搏、顽强奋斗的精神会潜移默化地使学员更加矢志飞行。

思政点4：循序渐进方能行稳致远——初始对准

惯性平台是测量加速度的基准，要精确测量加速度必须保证平台处在预定的坐标系内。因此，惯性导航系统在开始工作前必须进行初始对准，且其对准过程比较复杂，需要"平台锁定、模拟调平、粗对准、精对准"4个阶段才能完成。学员通过惯性导航系统初始对准内容的学习，明白在日常学习、工作和生活中，不能一蹴而就、急于求成，否则，既违背了事物发展的客观规律，也不利于个人成长进步；应该养成循序渐进，"不驰于空想，不骛于虚声"的思维习惯。

课程思政点与教学内容对照见表2.3。

表 2.3　课程思政点与教学内容对照

序　号	教学内容	思政点
1	惯性元件	创新意识
2	惯性导航系统的累积误差	装备自信
3	激光陀螺	矢志飞行和民族自豪感
4	初始对准	循序渐进方能行稳致远

三、课程思政教学设计内容

（一）本次设计的课程思政目标

坚定飞行报国信念，提升装备自信和民族自豪感，养成良好的思维习惯等。

（二）课程思政教学设计

1.课前：课程思政引入

视频素材：《激光陀螺的艰苦卓绝发展之路》《激光陀螺原理》。

【思政贯穿】

课前，教员下发《激光陀螺的艰苦卓绝发展之路》视频。通过观看视频，学员了解我国一代代"陀螺人"兢兢业业、科技报国的感人事迹，学习高伯龙院士对科学研究的严谨执着精神及淡泊名利品质，坚定飞行报国信念。开课之初，教员播放秒懂百科《激光陀螺原理》视频，使学员初步了解激光陀螺。我国是继美、法、俄后的第四个独立研制出激光陀螺的国家，由此增强学员的民族自豪感。

2.课中：课程思政贯穿授课过程

① 理论基础：惯性元件的基本原理、单轴稳定平台的基本原理和初始对准。

② 自主创新：激光陀螺的研制。

③ 装备自信：惯性导航系统的累积误差。

④ 循序渐进方能行稳致远：初始对准。

【思政贯穿】

教员从惯性导航系统对惯性元件的要求出发，通过理论推导，得出一般摆式加速度计和机电式陀螺不能满足惯性级要求，并抓住"结构支承"这个主要矛盾进行颠覆性的改革来解决问题，向学员渗透创新思维的重要性。同时，体现石英挠性支承所表现出的"刚柔并济"。开天辟地，刚之力也；水滴石穿，柔之力也。"刚柔并济"实际上是道家的哲学思想，由此使学员体会"欲速则不达"的道理，无论工作还是学习，太过心急只会物极必反，凡事都需要有积累沉淀的过程。

国防科技大学高伯龙院士率领的激光陀螺研究团队从零起步，从激光

陀螺原理研究、主攻方向的确定，到一项项工艺技术的突破，在重重艰难中开辟出一条具有中国自主知识产权的研制激光陀螺的成功之路（图2.9）。"高伯龙现象"，即一群人奋斗一生只为一个目标。高精尖技术科研突破不仅解开了钱学森给的"密码"，为先进武器装上了精准完成"指哪儿打哪儿"任务的明亮"眼睛"，更让中国与美国之间的技术差距一下子缩短了20年。完全依靠自主创新的激光陀螺的研制，是一项理论探索性极强、工艺极其复杂的系统工程。几十年的攻关，需要经历多少艰难困苦，经历多少波折起伏，没有坚韧不拔的定力、锲而不舍的追求、甘于寂寞的情怀，是很难成功的。

图 2.9　激光陀螺的研制

　　教员结合单轴稳定平台的稳定原理教学，进行进阶式提问：飞行过程中，稳定平台为什么会不水平？如何使稳定平台始终保持水平？稳定平台基本水平，到底平不平？稳定平台什么时候完全水平？干扰力矩作用在陀螺上，平台还能水平吗？通过一系列问题，引发学员思考，引出惯性导航系统误差。结合北斗卫星系统的正式开通，介绍惯导和北斗组合的导航系统来消除误差的方法，使学员感受国家航天事业的迅猛发展，建立对我国导航装备的发展自信。初始对准通常包括平台锁定、模拟调平、粗对准和精对准4个阶段，每一个阶段都是逐渐将平台向水平面调整近一步，直至最后才把平台精确调整在水平面内。教员通过讲解初始过程，使学员了解各个阶段存在的必要性，强调初始对准是一个循序渐进的过程。东汉唯物主义哲学家王充在《论衡》中论述："故夫河冰结合，非一日之寒。"我们做任何事都要经过长时间的酝酿、努力和积累,才能有所成就。

3.课后:课程思政总结反思

教学内容可加强学员对惯性导航系统的理解,培养学员的科学思维、探究意识和分析问题的方法。课程思政使学员了解大国工匠 ——"激光之父"的事迹,感慨工匠精神的真谛;坚定飞行报国信念,强化自主创新意识,提升装备自信。作为飞行学员,不仅要具备扎实的理论功底、高超的飞行技能,还要具备科学精神、家国情怀与良好的职业素养。

学员课堂随感（惯性导航系统）

课程名称	综合航空电子系统	授课教员	廉凤慧
姓　名	兰兴鑫	授课时间	2021.06.29
课程育人 切入点 （课程内容）	通过惯性导航系统的基本原理的学习，体会激光陀螺的诞生对惯性导航系统的重要性以及惯性导航系统在飞行训练、作战中的重要作用。		
教员的一句 良言	一群人奋斗一生只为一个目标。		
核心价值观 与做人做事 的道理	感受"激光之父"的工匠精神，坚定飞行报国的信念。		
学员的体会、 感悟	作为空军的飞行学员，不仅要具备扎实的航理功底、高超的飞行技能，还要具备科学精神、良好的职业素养。		

飞机供电系统

飞机供电系统是飞机系统的重要组成部分，负责向机上所有电气负载提供高可靠性的电能，对于飞行任务的完成具有举足轻重的作用。飞机供电系统与飞机上的其他系统，如飞控系统、动力系统以及综合航空电子系统等多个系统存在交联，其高可靠性是保证飞机飞行安全的重要环节。为满足电源系统容量大，供电品质、效率及可靠性高等需求，现代飞机正在向着多电、全电方向发展。

一、教学目标

（一）知识目标

了解飞机供电系统的概念及发展历程，掌握低压直流电源系统的组成、基本原理及在飞行中的应用；理解交流电源系统的基本参数，掌握其组成及基本原理；理解高压直流电源系统分类、特点及基本原理。

（二）能力目标

建立飞机供电系统的基本概念，理解其工作原理，能够运用前序知识分析新装备的工作原理，具备电源系统故障后应急处置的能力；打牢飞机电源系统的理论基础，为今后飞行先进战机打下理论基础；培养学员适应未来更智能、更互联、数字化程度更高的多电飞机的职业素养。

（三）素质目标

注重与飞行人员岗位的衔接，形成飞机供电系统总体设计理念，打牢坚实的供电系统理论，具备科学严谨的逻辑思维能力；了解电源系统发展历程及装备情况，建立对我空军装备发展的自信，树立民族自豪感；注重树立敢打必胜的信心，形成良好的飞行习惯，提升职业适用能力；感受高压直流供电系统的蓬勃发展以及科研工作者对航空事业的奉献精神，提升社会责任感、家国情怀，激发爱国主义热情。

本部分内容的逻辑关系如图2.10所示。

图 2.10　飞机供电系统内容逻辑关系

二、思政元素

"飞机供电系统"教学内容中隐含的课程思政元素主要体现在以下几点。

思政点1：民族自信——电源系统发展历程

自飞机上第一次使用航空直流发电机以来，飞机直流电源系统经历了百余年的发展过程。20世纪50年代以前，飞机电源系统是28 V低压直流（low voltage direct current，LVDC）电源系统，当时发明的低压直流起动/发电系统，被认为是飞机直流电源系统发展的一个重要里程碑。28 V的低压直流电源系统一直沿用至今。随着飞机机载电子设备和电力传动装置的不断增加，机上用电量大大增加，对供电质量要求不断提高，低压直流电源系统已不能满足飞机用电需求，并且由于当时直流灭弧和直流电机电刷拉弧两大技术问题无法解决，迫使飞机直流电源系统转变为交流电源系统。20世纪80年代以前，飞机的交流电源系统是用机械恒装将发动机变化的转速变成恒速，再带动发电机旋转，称为恒速恒频（constant speed constant frequency，CSCF）电源系统。它无法实现起动/发电双功能。80年代电力电子技术大发展，实现了用电力电子装置取代机械恒装，由此出现了变速恒频（variable speed constant frequency，VSCF）系统。这种系统能实现起动/发电双功能，却很复杂。但是，恒速恒频和变速恒频交流电源系统曾一度受到很高的重视。80年代与90年代电力电子技术、电机控制技术大发展，解决了直流灭弧和电机控制问题，飞机电源系统重新回到直流电源系统，但因容量要求大，直流输出电压从原来的28 V升高到270 V，称为高压直流（high voltage direct current，HVDC）电源系统。这样，飞机上先后采用过的电源系统有低压直流电源系统、变频交流电源系统、恒速恒频电源系统、变速恒频电源系统和高压直流电源系统。

现代飞机正向多电飞机、全电飞机的方向发展，恒频交流电源系统不再适用于下一代先进飞机和机载设备发展的需要，变频交流电源系统和高压直流电源系统登上了历史舞台。通过了解飞机电源系统的发展历程及发展趋势，学员感受飞机电源系统的蓬勃发展，建立民族自信心。

思政点2：循序而渐进、厚积而薄发——直流发电机原理

直流发电机在发电初期，在剩磁的作用下，发电机电枢旋转切割剩磁磁场，感应出剩磁电势，但是电势比较小，在激磁绕组中就会产生一个很小的激磁电流，激磁电流会产生新的磁场。这样，新的磁场与剩磁二者叠加后，电机内部总磁场增加。磁场增加，产生的电势就会增大，又会使激磁电流进一步增大，磁场进一步增强，使电势继续增大，如此循环递进，最终建立电势。就像竹子定律一样："循序而渐进、厚积而薄发"，这里的剩磁在发电过程中起到非常重要的作用。老子在《道德经》中说道："合抱之木，生于毫末；九层之台，起于累土。"由此，鼓励学员要脚踏实地，从点滴做起。只有沉下心来，瞄准目标去努力奋斗、去积累，才会有所成就，由此向学员传达积极的人生观。

思政点3：辩证唯物主义之万变不离其宗——电压调节器

无论是振动式、炭片式还是晶体式电压调节器，电压调节的基本思想都是相同的，即调节激磁磁通，只是不同的调压器实现的方法不同。正如《道德经》中所言："万变不离其宗"，本质未改，目的依旧，因此要透过现象看本质；遇到困难问题时，要善于抓住事件背后的"根本性"运行逻辑，由此，培养学员"抓住事物的本质"的辩证思维。

思政点4：训练作风养成——电源系统的特情处置

飞行中，飞机一旦出现空中断电，飞行人员应立即报告、返场、关电门，做到及时发现、准确判断、正确处置。2021年1月，习近平主席签署中央军委2021年1号命令，向全军发布开训动员令——深化依法治训，推

进训练管理变革，强化训练规划计划统筹，完善训练法规标准，创新训练内容方法，严格按纲施训，加强和改进训练监督，健全训练考核评估，抓好训练安全防控，实现严格训练、科学训练、安全训练相统一。我们要按照新大纲规范日常训练理念，要铭记习近平主席的开训动员令，严格按纲施训，实现严格训练、科学训练、安全训练相统一，确保部队在新大纲施训中训出质量、训出战斗力。

思政点5：科学无国界——高压直流电源系统

1983年，航空工业部机载局邀请美国洛克希德飞机公司Cloud先生来华讲学，介绍了270 V高压直流电气系统的构成和主要部件在美国的发展情况。当时他就建议我国不要走国外飞机电源发展的老路，跳出恒频交流电源，重点发展270 V高压直流电源系统。1999年，美国第四代战斗机F-22的试飞成功，标志着270 V直流电源的技术已经成熟并且进入应用阶段。所以，270 V高压直流电源成为继低压直流电源和恒频交流电源后的第三种飞机主电源，270 V高压直流起动/发电系统技术代表了军机多电系统技术的发展方向。目前，我国自主研制的第五代战机——国之利器歼-20飞机采用的就是具有效率高、可靠性高、重量轻、良好余度和容错特性等诸多优点的270 V高压直流供电系统。中国航空工业的蓬勃发展、装备的复兴，都要依靠老一辈科学家们的不断钻研、努力，以此使学员了解我国装备发展的艰辛历程，培养学员"科学无国界，但科学家有祖国"的爱国主义精神。

课程思政点与教学内容对照见表2.4。

表 2.4　课程思政点与教学内容对照

序　号	教学内容	思政点
1	电源系统的发展历程	民族自信
2	直流发电机原理	循序而渐进、厚积而薄发
3	电压调节器	辩证唯物主义之万变不离其宗
4	电源系统的特情处置	训练作风养成
5	高压直流电源系统	科学无国界

三、课程思政教学设计内容

（一）本次设计的课程思政目标

感受航空电源技术的进步，学会辩证思维方式，提高自主探究意识；建立装备自信，提高职业素养；形成科学精神、爱国主义精神等。

（二）课程思政教学设计

1.课前：课程思政引入

① 视频素材：《飞机直流电源系统》。

② 历史素材：飞机电源系统的发展历程。

③ 案例素材：飞机电源系统的特情处置。

【思政贯穿】

课前，教员下发《飞机直流电源系统》视频素材，使学员了解电源系统的工作过程，为理解课程内容奠定基础。开课之初，介绍飞机电源系统的发展历程、发展趋势及装备情况，使学员感受飞机电源系统的蓬勃发展，建立装备自信感，激发学员飞行事业心。多电飞机是航空航天领域的关键项目，它改变了传统的飞机设计思想，是飞机技术发展的一次革命。它从飞机能源最优化利用的角度出发，来设计机载系统，提高飞机的可靠性、可维护性和地面保障能力。通过相关介绍，塑造学员多电飞机发展的理念。结合飞行案例与习近平主席开训动员令，强调特情处置原则，培育学员战斗精神，强化严格按纲施训理念，引导学员在飞行训练中，不断磨砺战斗意志，锤炼过硬本领，训出质量、训出战斗力。

2.课中：课程思政贯穿授课过程

① 理论基础：直流发电机的发电过程 —— 星星之火，可以燎原。

② 唯物思想：万变不离其宗 —— 抓住事物的本质。

③ 装备发展：高压直流电源系统 —— 科学无国界。

【思政贯穿】

教员从发电机原理入手，通过分析低压直流电源系统的直流发电机的发电过程，使学员了解低压直流发电机与普通发电机的不同之处，建立飞机发电机的设计模型，完成思想升华，进而抓住发电机的核心 ——"剩磁"，如何实现发电过程。从不同电压调节器的原理出发，总结出电压调节的基本思想，抓住激磁磁通这一关键问题。透过现象看本质，培养学员"抓住事物的本质"的辩证思维方法的应用能力，培养学员的科学精神。通过高压直流电源系统发展、装备、特点及关键技术介绍，使学员感受中国航空工业蓬勃发展和装备的复兴，激发学员爱国主义精神和飞行事业心。作为飞行学员，只有系统掌握装备理论，努力践行创新精神和创新思维方式，不断提升职业素养，未来才能成为保卫祖国空天的飞行英才。

3.课后：课程思政总结反思

教学内容可加强学员对飞机供电系统的认知，使学员掌握电源系统的工作原理和在飞行中的应用方法，塑造学员多电飞机发展理念，培养学员探索精神和创新能力。课程思政可提升学员对专业的认同感、使命感，培养学员扎实的工作作风、爱国主义情怀和民族自豪感；推动习近平新时代中国特色社会主义思想进学员头脑，强化学员按纲施训理念，端正学员训练作风理念。

学员课堂随感（飞机供电系统）

课程名称	综合航空电子系统	授课教员	王春雨
姓　　名	王凤乾	授课时间	2021.07.15
课程育人切入点（课程内容）	让学员了解高压直流电源系统发展及装备情况；理解高压直流发电机的工作原理；了解先进战机上电源系统的装备情况。		
教员的一句良言	科学无国界，但科学家有祖国。		
核心价值观与做人做事的道理	学会辩证的思维方式；要有科学家般的爱国情怀，军人更要永远忠于祖国；做人做事要踏踏实实、厚积薄发；要有严谨的工作态度，严格按照规矩办事，锻造过硬作风。		
学员的体会、感悟	感受到中国航空工业的蓬勃发展和民族复兴，体会到科学家们的不懈努力、中华民族的"工匠精神"的传承与发扬；建立装备自信心，飞更先进的战机。		

飞行控制系统

现代战机需要完成的任务越来越复杂，作为飞机的重要组成部分，飞行控制系统尤为重要。飞行控制系统是现代高性能飞机或导弹实现安全飞行和完成复杂飞行任务的重要保证，是现代飞机设计技术中不可或缺的重要环节，具有提高飞行品质、减轻飞行员负担、实现航迹控制及实现监控和任务规划等功能。

一、教学目标

（一）知识目标

了解飞行控制系统的功能、组成及发展历程，理解舵回路的原理和分类，理解并掌握飞机纵向/侧向姿态控制和轨迹控制的基本原理；掌握机械操纵系统、阻尼器、增稳和控制增稳系统的控制规律，了解电传操纵系统的功能、组成、特点和余度技术，掌握电传操纵系统的基本原理。

（二）能力目标

建立飞行控制系统的基本概念，理解其控制理论具备用自动控制理论分析自动飞行控制原理的能力；具备将飞行力学知识迁移到飞行控制系统原理的能力，建立发现、分析和解决飞行中实际问题的意识；具备后续机型改装的能力。

（三）素质目标

注重与飞行人员岗位的衔接，形成飞行控制系统总体设计理念，具备坚实的理论和系统的专业能力，养成科学严谨的逻辑思维与辩证的、逻辑的科学思维；树立民族自豪感，建立对我空军装备发展的自信；感受飞行控制系统的蓬勃发展及其对航空飞行事业的重要贡献，为学员后续飞行先进战机打下一定的理论基础。

本部分内容的逻辑关系如图2.11所示。

二、思政元素

"飞行控制系统"教学内容中隐含的课程思政元素主要体现在以下几点。

图 2.11 飞行控制系统内容逻辑关系

思政点1：装备自信——飞行控制系统的发展历程

自1912年美国人爱莫尔·斯派雷研制出第一台电动陀螺稳定装置以来，自动控制装置——自动驾驶仪得以迅速发展。二战以后，自动驾驶仪和其他机载装置组合，构成了飞机的航迹自动控制系统。随着飞机的飞行包线逐渐扩大，越来越复杂的飞行任务对飞行性能的要求越来越高，仅靠气动布局和发动机设计所获得的飞机性能已经很难满足复杂飞行任务的要求，因此自动飞行控制系统应运而生。随着计算机的飞速发展，逐步发展到现在普遍应用的数字式飞行控制系统。20世纪80年代，数字式飞行控制系统与其他系统进行交联，集成为飞机的火/推/飞综合控制系统。随着微机电系统（micro-electro-mechanical system，MEMS）技术的发展以及智能变形飞行器设计概念的演进，实现大量智能型控制节点的完全分布式飞行控制系统已成为可能，完全分布的开放式飞行控制系统将会是未来发展的方向之一。通过了解飞行控制系统的发展历程及发展方向，学员建立装备自信感，感悟工匠精神。

思政点2：辩证唯物主义——稳定性和操纵性的矛盾性

现代高速飞机的稳定性和操纵性，既是耦合的也是矛盾的，通过飞机的气动布局设计来使这两种性能同时达到最优是很难实现的，应用电传操纵系统后，这两种性能的设计就可以解耦了，即飞机的操纵性可以通过气动布局设计而达到，稳定性则可以通过电传操纵系统来实现。本部分通过专业知识的讲授，引导学员抓住二者的内在联系，揭示知识的本质特征，培养辩证思维能力。

思政点3：科学严谨的工作态度——飞行控制系统的基本原理

在现代飞机中，飞行控制系统不是可有可无的，而是必须采用的。这是技术发展的必然，并且服从飞行安全这一终极目标。但是，人类对航空科学和技术的探索及应用过程必定是坎坷的，只有从失败中吸取教训，才能研制出更加完善和安全的飞行控制系统。飞行人员作为飞行控制系统的应用者，深知航空理论和技术的复杂性，不能用简单化、不严谨的分析和结论来解释说明。也就是说，科学的问题必须用科学的思想和方法来对待，尤其是飞行这一职业，更要有严谨的工作态度。

思政点4：科技兴国——"反馈"的人工智能行为

飞行控制系统若要取得颠覆性创新，需要依赖人工智能的理论和技术的进展。在飞行控制系统中被广泛应用的"反馈"这一概念，实际上是来自人类的智能行为。在控制理论中，只有将人类的智能行为进行数学模型化或进行有效的数学描述，智能行为才能得到定量化研究，并且才能应用到自动控制系统中。"反馈"这一人类的智能行为，对控制理论的发展具有根本性的影响，这种影响也将为人类智能的研究带来启发性的意义。

课程思政点与教学内容对照见表2.5。

表 2.5　课程思政点与教学内容对照

序　号	教学内容	思政点
1	飞行控制系统的发展历程	装备自信
2	稳定性和操纵性的矛盾性	辩证唯物主义
3	飞行控制系统的基本原理	科学严谨的工作态度
4	"反馈"的人工智能行为	科技兴国

三、课程思政教学设计内容

（一）本次设计的课程思政目标

树立系统设计理念、辩证唯物主义思想、科学严谨的工作态度；感受科技前沿的发展，提升装备自信，养成职业素养等。

（二）课程思政教学设计

1.课前：课程思政引入

① 视频素材：《飞行控制系统 —— 前世今生》《珠海航展歼-10飞机特技表演》。

② 人物素材：飞行控制专业的奠基人物。

③ 历史素材：飞行控制系统的发展历程。

【思政贯穿】

课前，教员下发《飞行控制系统 —— 前世今生》视频，使学员了解机械操纵系统是如何控制飞机及其与电传操纵系统的区别。开课之初，介绍中国航空仪表和飞行控制专业的奠基人昝凌，他主持设计成功中国第一套飞机自动驾驶仪，培养了一大批航空仪表研究设计人才，为中国航空事业的发展做出了重要贡献。歼-20战斗机的总设计师杨伟，是中国新一代战斗机电传飞行控制系统的组织者和开拓者。1998年，杨伟受命出任成都飞机设计研究所副所长、副总设计师，兼任飞行控制系统总设计师。从此，他身上的担子更重了，不仅要担任中国新一代外贸型FC-1战斗机的总设计师，还要负责歼-10战斗机双座型的研发工作。由此，使学员体会工匠精神。通过了解飞行控制系统的发展历程以及先进战机飞控系统的装备情况，学员建立装备自信，激发飞行事业心。

2.课中：课程思政贯穿授课过程

① 理论基础：控制系统设计的基本思想。

② 唯物思想：飞机稳定性和操纵性的矛盾性。

③ 科技前沿：人工智能研究的启发意义。

④ 视频素材：《珠海航展歼-10飞机特技表演》。

【思政贯穿】

教员从控制系统设计理念出发，通过讲解自动控制系统的控制回路，使学员了解自动飞行控制系统设计的基本思想，从而建立飞行控制系统的数学模型，完成思想升华。从自动飞行控制系统优势的获得主要依赖负反馈控制系统的特性，引申出人类的智能行为。"反馈"这一概念对控制理论的发展具有根本性的影响，这种影响也将为人类智能的研究带来启发性的意义，以此拓展学员的创新性思维。以阻尼器—增稳系统—控制增稳系统—电传操纵性系统为主线，从飞机操纵性和稳定性的矛盾性出发，使学员学会应用辩证思维的方法来分析和解决在飞行实践中的问题。通过此教学内容和课程思政元素的融入，激发学员的飞行事业心。

在2021年珠海航展上，一架歼-10B飞机在珠海上空为现场观众进行了一场精彩绝伦的飞行表演，展示了眼镜蛇、落叶飘等超机动动作，成为世界上唯一一款可以做眼镜蛇机动的单发战斗机。这不但说明我军飞行员高超的飞行技艺，也反映出我军战机的飞行控制系统设计水平已跻身世界领先地位，体现中国航空工业的飞速发展。

3.课后：课程思政总结反思

教学内容可加强学员对飞行控制系统的认知，培养学员的科学精神、探究意识和思辨能力。课程思政可提升学员辩证唯物主义思想意识，使学员努力践行马克思主义辩证思维方法，增强运用辩证唯物主义认识论看待事情的能力；提升学员"始于初心、成于坚守"的职业素养。由我国飞行控制系统的实践，展示科学家的执着、坚持和奉献精神，由此激发学员的家国情怀，坚定学员的飞行事业心。

学员课堂随感（飞行控制系统）

课程名称	综合航空电子系统	授课教员	王春雨
姓　　名	袁衍聪	授课时间	2021.07.21
课程育人 切入点 （课程内容）	让学员了解飞行控制系统的发展历程；理解飞行控制系统的基本原理；体会其在先进战机上的重要作用。		
教员的一句 良言	飞控系统终于让人类实现自动飞行的梦想。		
核心价值观 与做人做事 的道理	掌握辩证唯物主义的思想；要有充分利用、发挥好现代飞行控制系统的信心；要用科学、严谨的态度对待飞行，利用"反馈"思想来工作，从失败中不断进步才能成功。		
学员的体会、 感悟	要利用辩证唯物主义认识论看待问题；设备越先进、复杂，我们更要胆大、心细，树立坚定的飞行事业心，不仅仅把飞行当成一种职业，更是使命、责任和担当，才能成为大国空军的脊梁，守护好万里空疆。		

第三篇

"航空气象学"
课程思政

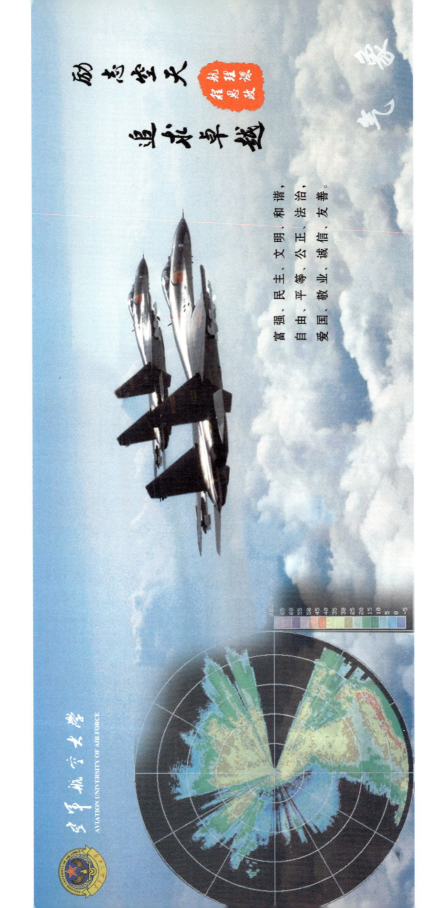

第一部分 课程概述

一、课程性质与定位

"航空气象学"课程是航空飞行与指挥（飞行技术）专业的必修主干课程。该课程主要研究航空气象理论知识，以科学视角认知不同大气环境对飞行技能的影响，使学员具备综合各类信息判别和防范航空危险天气的能力，对飞行人才培养具有夯实战场环境理论基础、服务飞行职业的作用。

二、课程教学目标

理解航空气象基础理论知识和航空气象要素特性及其对飞行活动的影响；掌握根据各类航空气象信息预判航空大气环境的能力，塑造不畏风雨、搏击蓝天的职业素养。

三、课程思政理念

"航空气象学"主要研究气象条件与飞行活动、航空技术间的关系，航空气象服务的方式和方法，以及航天飞行器在地球大气层中飞行时的气象等问题。在课程思政建设中挖掘与融入思政元素，力求在点上深化，在育人方面与思政课程同向同行，教员必须规范自己的言行，坚持正确的政治导向、积累深厚的专业知识、掌握专业的教育方法、具备优良的道德品质，在矢志打赢上强化自身本领，在教学岗位上践行对党的忠诚。在课程学习中，教员应带领学员从科学的辩证唯物主义视角研究不同大气环境对飞行的影响，同时将生态文明和人类命运共同体理念、家国意识和战斗精神等思政元素融入课程教学的各个环节。在融入思政元素时，教员应注重知识内容与思政元素切入点的合理性、高阶性、创新型，同时触发情感，

激发学员思想共鸣，用经典理论引领，确保在适当的时机、情境中引出适当的思政话题。

第二部分　课程思政案例

天气系统

天气系统是飞行人员理解、应用气象预报资料的基础，也是气象预报员运用天气学原理预报天气的主要分析对象。学员通过对各类天气系统及相应天气表现的学习，有助于在宏观上认知大气环境，了解天气演变过程，建立正确的认知态度。

一、教学目标

（一）知识目标

了解天气系统的概念、形成，理解各类天气系统特征；了解气团、锋、锋面气旋、热带气旋、低涡、槽线、西伯利亚高压、西太平洋副热带高压的概念，天气表现和季节性与地域性特点；理解锋面气旋的复杂性、热带气旋的灾害性及冷涡天气的不稳定性特点；理解西太平洋副热带高压对我国天气的影响。

（二）能力目标

能够根据天气系统概念、形成、天气表现等基础知识，通过天气图初步辨识不同种类天气系统，明晰对飞行的影响，具备制订飞行预案的能力。

（三）素质目标

正确看待大气环流、天气系统、天气之间的关系，认识气流特征是天气表现的决定因素，遵循天气系统形成、发展、演变的客观规律，树立科技自信。

本部分内容的逻辑关系如图3.1所示。

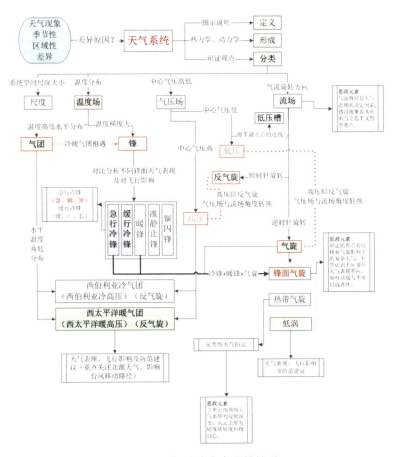

图 3.1 天气系统内容逻辑关系

二、思政元素

"天气系统"教学内容中隐含的课程思政元素主要体现在以下几点。

思政点1：遵循事物发展的客观规律——锋面气旋天气特征

锋面气旋是主要影响我国长江以北地区的天气系统，其不同部位在不同季节、不同地区的天气表现不同。孙子云：知可以战与不可以战者胜。对于锋面气旋而言，哪些部位能飞（战）、哪些部位又不能飞（战），是飞行员必须了解掌握的。锋面气旋南部低能见度主要影响的是着陆安全，视条件能飞；西北部冷锋影响区域天气变化剧烈，一般不能飞。北部层状云系适合仪表飞行训练，但也要掌握好飞行时机。所以，对于锋面气旋影响下的天气，我们不但要知其全貌，还要明其细节，这样才能更好地遂行飞行任务。

教员引导学员用辩证唯物主义观点认识不同天气系统的天气表现不同，同一天气系统（锋面气旋）不同部位的天气表现也不同，即使是同一天气系统同一部位在我国不同地区、不同季节的天气也不同。

思政点2：透过现象看本质——大气环流、天气系统、天气之间的关系

一般情况下，气旋控制下呈现多云阴雨天气，反气旋控制下呈现天朗气清的天气。气旋低层逆时针辐合，在垂直面内气流上升，当空气中水汽充足时，湿空气上升冷却凝结就可能出现云雨天气；反气旋近地面气流顺时针辐散，在垂直面内气流下沉增温，所以中心区域秋高气爽。在学习天气系统时，学员一定要抓住问题的本质，即气流特征，正是气流在水平面、垂直面的差异导致大气物理过程的不同，进而导致气象要素的差异和天气表现的不同。

思政点3：树立科技自信——天气系统的辨识

预报员一般通过气象统计、数值预报、天气图外推等方法预报天气系统的生消演变，而通过卫星云图能更直观了解某一天气系统的"前世今生"。卫星云图资料来源于气象卫星的观测。我国气象卫星从1977年开始研制，目前已成功发射17颗风云系统气象卫星，仍有8颗在轨稳定运行，为气象、海洋、农业、航空、航海和环境保护等领域提供了大量公益性、专业性和决策性服务，是继美、俄之后世界上同时拥有静止轨道气象卫星和极轨气象卫星的国家。我国气象卫星在国际上的影响日益崛起，发挥的作用日益显著。从2000年开始，世界气象组织的正式出版物将我国的风云一号和风云二号气象卫星列入全球气象卫星业务观测系统，大量国际用户直接接收和利用我国的风云气象卫星资料。世界气象组织主席、澳大利亚气象局局长齐尔曼博士对风云卫星向周边国家和全世界的重要贡献及数据公开的政策给予了高度的评价。

教员通过介绍我国风云卫星发展现状，使学员建立民族自信心，增加爱国意识。

课程思政点与教学内容对照见表3.1。

表 3.1 课程思政点与教学内容对照

序　号	教学内容	思政点
1	锋面气旋天气特征	遵循事物发展的客观规律
2	大气环流、天气系统、天气之间的关系	透过现象看本质
3	天气系统的辨识	科技自信

三、课程思政教学设计内容

（一）本次设计的课程思政目标

采用辩证的观点看待各类天气系统影响下的天气现象，认识天气现象产生的本质——天气系统影响下的气流特征，具备辩证思维能力，增强科技自信心。

（二）课程思政教学设计

1.课前：课程思政引入

① 飞行事例素材：节选《气象保障典型事例汇编》中与典型天气系统相关的实例资料。

② 视频素材：锋、气旋、反气旋等微课视频。

③ 科技前沿视频素材：我国气象卫星事业发展历程及现状。

【思政贯穿】

课前，教员下发天气系统相关的视频素材和文字素材，使学员初步认识天气系统相关概念，了解不同的天气表现是受不同天气系统的影响，激发学员学习天气系统的兴趣，并通过我国风云系列卫星的发展历程提高学员民族自豪感。

2.课中：课程思政贯穿授课过程

① 理论基础：在同一天气系统中，时间、空间发生变化时，天气表现差异很大。以锋面气旋为例，讲授同一天气系统不同部位的天气表现不同，引导学员认识主、客观因素对事物发展的影响。飞行训练中，对天气的认识要遵循天气发展的客观规律。

② 唯物思想：不同天气系统产生不同天气现象的本质是气流特征不同，引导学员看待事物要透过现象看本质。

③ 科技前沿：卫星云图在天气系统研究中具有非常重要的作用，通过了解我国气象卫星事业发展历程，建立科技自信心和民族自豪感。

【思政贯穿】

教员从锋面气旋形成理论出发，逐步讲授锋面气旋冷锋部位、暖气团控制区和暖锋控制区在不同季节、不同地区的天气表现，引导学员树立气流特征决定天气系统、天气系统决定天气现象、天气表现影响飞行训练安全的理念，重点带领学员认识"稳定"和"不稳定"。例如，暖气团控制区相对稳定，所以空气运动弱，气溶胶粒子、烟粒、水汽等聚集，形成霾、烟、雾等低能见度天气。冷气团相对不稳定，所以冷气团向暖气团移动形成的冷锋后部会出现大风、对流天气，大风出现在北方春季就会带来沙尘暴天气，出现在水汽充足地区会带来降水、降雪天气。而暖锋及暖锋前部部位天气较为稳定，水汽充足时有大量的层状云系，比较适合仪表训练，但还是要警惕夏季可能由于地形、系统作用隐藏在其中的积雨云。在全面认识锋面气旋不同部位的天气表现时，教员要重点强调即使是同一部位，在不同地区或季节天气表现也有差异，一定要用发展、辩证的眼光看待锋面气旋这一天气系统（图3.2）。

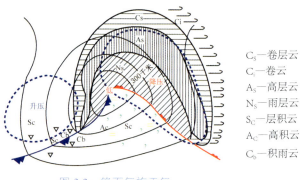

C_S—卷层云
C_i—卷云
A_s—高层云
N_s—雨层云
S_C—层积云
A_C—高积云
C_b—积雨云

图 3.2　锋面气旋天气

3.课后：课程思政总结反思

教学内容可加强学员对航空气象学基础理论——天气系统的认知，培养学员科学精神和思辨能力。课程思政可引导学员学会辩证唯物主义理论，运用发展的眼光认识天气系统影响下的天气表现及对飞行的影响。

学员课堂随感（天气系统）

课程名称	航空气象学	授课教员	张晓慧
姓　　名	王俊哲	授课时间	2021.05.26

课程育人切入点（课程内容）	四季轮回，天气多变，背后的"推手"就是天气系统。什么是天气系统？有哪些？天气表现如何？对飞行影响如何？
教员的一句良言	知可以战与不可以战者胜。
核心价值观与做人做事的道理	培养辩证唯物主义的思维；树立民族自信心和自豪感；树立"人民送我学飞行，我学飞行为人民"的责任感和使命意识。
学员的体会、感悟	天气现象是表现，气流特征才是内在本质。我们看待任何问题都要抓住事件背后的"根本性"运作逻辑。

雷　暴

雷暴是指由积雨云引起的电闪雷鸣、风雨交加的恶劣天气，属于强对流天气系统。产生雷暴的积雨云，也称为雷暴云，能产生各式各样危及飞行安全的天气现象，如恶劣能见度、雷击、雹击、低空风切变等。雷暴中蕴藏着巨大的能量，具有极大的破坏力。当飞机误入雷暴活动区内，轻则造成人机损伤，重则机毁人亡。因此，雷暴是目前被世界航空界和气象部门公认的严重威胁航空飞行安全的天敌。

一、教学目标

（一）知识目标

了解雷暴的形成及发展条件和活动规律，掌握雷暴单体的发展特征及弱雷暴和强雷暴的特点；理解雷暴云内及云附近气流、电荷、降水等对飞行的影响，掌握通过雷暴区的方法和注意事项。

（二）能力目标

能够灵活运用各种手段判断雷暴云的存在和强度，具备正确处置的能力。

（三）素质目标

认识到雷暴是飞行的禁区，树立尊重自然、尊重科学的态度以及利用自然、无畏风雨、搏击蓝天的战斗品质。

本部分内容的逻辑关系如图3.3所示。

二、思政元素

"雷暴"教学内容中隐含的课程思政元素主要体现在以下几点。

思政点1：辩证思维——雷暴的形成及分布特征

雷暴可以在世界上任何地方发生，甚至发生在两极和沙漠地带，但通常在低纬度的地方（特别是热带雨林地区）会较频繁发生，这主要是由于雷暴的形成需要充足的水汽、大量的不稳定能量和冲击力。①由于我国南方水汽多于北方，因此雷暴总体分布特征是北方少、南方多。②相同的太阳高度角下陆地温度高于海洋，不稳定能量直接来源于热辐射，所以我国雷暴发生频率陆地多于海洋；夏季太阳辐射比冬季强，所以我国雷暴发生

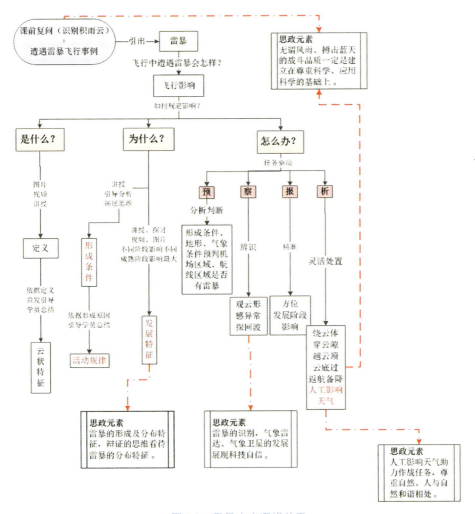

图 3.3 雷暴内容逻辑关系

频率夏季多于冬季。③除了锋面、槽线、切变线、气旋等天气系统为雷暴
提供冲击力，山体迎风坡处的抬升作用也为雷暴提供了冲击力，所以我国
雷暴的分布呈现出山区多于平原。总体来讲，对于雷暴的时空分布需要全
面细致的分析。例如，我国初雷日期最早不在南方海岛上，而在湘西山地，
这主要是由于湘西地区1月下旬具备雷暴发生的3个条件，南方海岛虽然有
大量的不稳定能量和充足的水汽，但不具备冲击力这个条件。所以，在今
后的学习、生活、训练中，要尽可能全面、细致、综合地考虑问题，同时

对主要因素、次要因素也要了然于心。

思政点2：尊重自然、利用自然、人与自然和谐相处——雷暴的发展

人工影响天气是指为避免或者减轻气象灾害，合理利用气候资源，在适当的天气条件下，采用飞机和高炮、火箭、地面燃烧器等作业方式，通过向大气合适的云层中适量播撒相应的催化剂，对局部天气施加影响，使云物理结构和云的发展过程发生变化，实现增雨（雪）、消雨、消雾、防雹、防霜等目的的活动。

19世纪二三十年代，瑞典人贝吉龙发现，极小的冰核可以吸收水汽，使冷却水滴变为大冰粒子，最终大到足以成雨落地。这一发现便是冷云降水过程的主要机制。在随后长达半个多世纪的试验中，美国、澳大利亚、以色列、俄罗斯、法国、中国等超过100个国家的科学家做了各种尝试实施人工影响天气。我国吉林省第一次通过飞机开展人工影响天气作业是在1958年，他们一方面请苏联专家协助制造干冰，另一方面学习刚刚编译的世界气象组织人工影响天气的资料，还争取到中国科学院地球物理研究所的技术协助，迈出了我国飞机播撒干冰开展人工影响天气的第一步。当前，我国主要使用地面碘化银燃烧炉、高炮和火箭、飞机等方式开展人工影响天气作业。

我们能否通过人工影响天气来规避雷暴呢？需要具体问题具体分析，普通单体雷暴强度相对较弱，在发展之初（积云阶段）可以通过人工影响天气的手段改变自然环境，但对于发展成熟的雷暴，尤其是处于成熟阶段的超级单体风暴、多单体风暴、飑线等难度很大。人类可以改变自然，改造地球，但改变、改造的程度是有限的，而且改变后的结果又会反馈给大气环境。当前，人类还无法完全控制天气，保护地球自然环境，应该与自然环境和谐相处。

思政点3：无畏风雨、搏击蓝天的职业素养——穿越雷暴区

雷暴的发展经历了发展（积云）、成熟（积雨云）和消散3个阶段，每个阶段都有不同的发展特征，成熟阶段的雷暴对飞行影响最大，一般会出现恶劣的能见度、强烈的飞机积冰、严重的飞机颠簸、闪电、静电干扰、雷击、雹击等危险。作为飞行员，飞行前要在准确预判雷暴的基础上，合理规划完成任务的方式。不能说航线中只要存在雷暴，飞行任务就完全无法执行，可以根据特定的环境采取不同的防范措施，在避开雷暴的前提下完成各项任务。一般来说，一个雷暴单体的尺度大概在 5～10 km，生命期在1小时左右，飞行中航线上出现雷暴单体可以采用越过云顶、绕飞云体等方式避开雷暴；对于多单体风暴，可以在雷暴单体间隙超过40 km的区间穿过。如果以上3种方式都不可行，可以考虑备降或返航，因为虽然完成任务是我们追求的目标，但这种追求、这种目标都是以飞行安全作为底线的。正面"迎敌"并不一定是完成任务的最佳方案，有时避其锋芒积蓄能量、改变方式完成任务也是不错的选择。因此，尽管我们倡导无畏风雨、搏击蓝天，但一定是建立在科学、安全的基础之上。

课程思政点与教学内容对照见表3.2。

表 3.2　课程思政点与教学内容对照

序　号	教学内容	思政点
1	雷暴的形成及分布特征	辩证思维
2	雷暴的发展	尊重自然、利用自然、人与自然和谐相处
3	穿越雷暴区	无畏风雨、搏击蓝天的职业素养

三、课程思政教学设计内容

（一）本次设计的课程思政目标

具备辩证思维能力，树立科技自信；领悟尊重自然、与自然和谐相处的科学发展观；养成科学应对雷暴的职业素养。

（二）课程思政教学设计

1.课前：课程思政引入

① 视频素材：《感动中国——刘锐成功穿越雷暴的事迹》。

② 知识素材：积雨云云图集及视频。

【思政贯穿】

课前，教员下发我国气象雷达、风云卫星发展相关视频，使学员了解我国气象雷达、风云卫星的发展历程及现状，增强科技强国自信心。课上，通过"金头盔"飞行员刘锐成功穿越雷暴视频，培育学员战斗精神，激发

学员向尖兵学习、向榜样看齐意识；通过不同类积雨云（砧状积雨云、鬃状积雨云等）云底、云顶、云全貌的照片及视频，让学员认识"云中霸主"——积雨云的外在特征，树立这是一种危险天气的意识；通过刘锐对遇到积雨云场景的描述，引导学员认识自然、尊重自然。

2.课中：课程思政贯穿授课过程

①辩证思维：雷暴的形成与分布特征。

②尊重自然、与自然和谐相处：雷暴的发展。

③无畏风雨、搏击蓝天的职业素养：穿越雷暴区。

【思政贯穿】

教员从雷暴的外在特征（云图为例）出发，采用类比、图示、举例等方法介绍雷暴形成的3个条件，并以3个条件为对照点，分析我国雷暴天气的时空分布规律，最后用我国初雷最早的湘西（每年1月左右）地区为例，说明雷暴的具体分布特征需要综合考虑3个条件，并且每个条件在不同季节、不同纬度、不同地形环境等作用下对雷暴形成的作用不同。雷暴对飞行的危害很大，为了完成任务能否通过人工影响消除不利天气？引导学员思考增雨（雪）、消雨、消雾、防雹、防霜等过程都是有一定实施条件的，像多单体雷暴这样比较强的系统性雷暴操作难度非常大。当前，人类还无法完全控制天气，对天气的改变，大自然也必将以异常的天气变化反馈给人类。在气候变暖背景下，极端天气发生频率增高，人类生存环境不断恶化，人类应加强生态文明建设，尊重自然、与自然和谐相处，对自然条件的人为改变一定要适时适当。通过刘锐成功穿越雷暴区的视频，引出雷暴这一危险天气，正确处置原则就是避开。但返航或取消作战任务并不是避开它的唯一方式，可以在了解雷暴基本特征的基础上选择越云顶、穿云隙、绕云体等不同的方式。最后，通过军内外成功处置实例，激励学员向他们学习，不仅要具备扎实的航理基础、精湛的飞行技术，还要有无畏风雨、搏击蓝天的战斗精神。

3.课后：课程思政总结反思

基础理论的讲授可加强学员对雷暴的认知，培养学员的科学精神。课程思政可培养学员的辩证思维，提高学员的职业素养，增强学员的科技自信心，建立尊重自然、与自然和谐相处的意识。

学员课堂随感（雷暴）

课程名称	航空气象学	授课教员	张晓慧
姓　　名	石钰洋	授课时间	2021.06.10
课程育人 切入点 （课程内容）	雷暴是飞行的禁区，是一种危险天气，对飞行来讲到底危在哪里？该如何处置？		
教员的一句 良言	"云中霸主"—— 雷暴是飞行的禁区，我们要敬畏但不要畏惧。		
核心价值观 与做人做事 的道理	无畏风雨、搏击蓝天的英雄品格一定是建立在尊重自然、尊重科学基础上的，人生发展、规划亦是如此，一切的努力、奋发图强都应在能力的范围内。		
学员的体会、 感悟	正面迎敌并不一定是完成任务的最佳方案，有时避其锋芒积蓄能量、改变方式完成任务也是不错的选择。		

能见度与视程障碍天气

能见度与飞行活动的关系极为密切，它是决定目视飞行还是仪表飞行的条件之一，也是决定能否飞行的重要依据。能见度是否满足最低气象条件，直接与视程障碍天气相关。

一、教学目标

（一）知识目标

了解能见度及着陆能见度的定义、低能见度及恶劣能见度的标准，掌握各种视程障碍天气的定义及气象符号；理解各种视程障碍天气的形成条件、特点规律、生消判断指标和对飞行的影响。

（二）能力目标

具备从天气实况和气象资料、天气预报中获取能见度和视程障碍天气信息的能力，以及正确预判其对飞行任务影响的能力。

（三）素质目标

根据原理、天气表现等归纳总结各类视程障碍天气的区别，树立生态文明建设的科学发展观意识。

本部分内容的逻辑关系如图3.4所示。

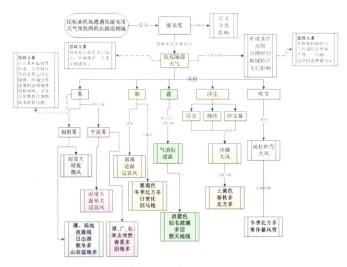

图 3.4　能见度与视程障碍天气内容逻辑关系

二、思政元素

"能见度与视程障碍天气"教学内容中隐含的课程思政元素主要体现在以下几点。

思政点1：逻辑思维能力——视程障碍天气的形成

雾（平流雾、辐射雾、坡面雾、锋面雾等）、烟、霾、浮尘、扬沙、沙尘暴、云、降水、吹雪等都是影响能见度的视程障碍天气，作为飞行员，只有了解这些视程障碍天气的形成、消散条件才能准确防范恶劣能见度对作战效能、飞行安全的影响。而多种视程障碍天气的形成条件有共性，也有个性。雾、霾、烟等是在大气稳定（逆温）的条件下形成的，只是空气中的组成成分有差异；浮尘、扬沙、沙尘暴、云、降水、吹雪等是在大气不稳定甚至大风条件下出现的，只是大气不稳定的强度、湿度不同，所以天气现象不同。学员必须了解各种视程障碍天气的形成条件、消散条件，比如大气不稳定了，烟粒、气溶胶粒子等就会扩散；大气稳定了，沙尘天气就会停止，沙粒就会沉降，能见度就会转好。各种视程障碍天气的形成、消散各有不同，想要全部掌握困难比较大。学员通过学习，总结出它们的共性和个性特征，并"外化于行、内化于心"。

思政点2：规律的相对性——平流雾和辐射雾的区别

在晴夜、微风、湿度大的条件下，可能出现辐射雾；在适宜风（2～7 m/s）、暖湿空气移到冷的下垫面冷却凝结就可能形成平流雾。根据辐射雾和平流雾的形成条件可以看出江河湖海附近多平流雾，山谷地区多辐射雾。这只是辐射雾和平流雾特征的一般规律，都不是绝对的，有些山谷区域也可能出现平流雾，有些沿海区域也会出现辐射雾。所以在飞行训练中，飞行人员需掌握不同种类雾的特征规律，具体问题具体分析，具备多方面考虑问题的能力。

思政点3：生态文明建设 —— 雾、霾、烟的治理

低能见度威胁飞机起飞、着陆安全，对于侦察、投弹、空中加油、编队飞行等都有影响，而直接决定能见度值大小的就是视程障碍天气，其中雾、霾就是最常见的视程障碍天气。霾是大气长期污染造成的结果，如何治理大气污染，是全人类急需解决的问题之一。教员介绍全国各地在贯彻生态文明建设方面取得的进展，将"绿水青山就是金山银山""建设美丽

中国"等思政元素融入课程知识点中，教书与育人同步进行，不仅有利于学员对专业知识的消化理解和触类旁通，还有助于在教学中实现思想引领，促进学员深化思想认识，提升价值观念。

课程思政点与教学内容对照见表3.3。

表 3.3　课程思政点与教学内容对照

序　号	教学内容	思政点
1	视程障碍天气的形成	逻辑思维能力
2	平流雾和辐射雾的区别	规律的相对性
3	雾、霾、烟的治理	生态文明建设

三、课程思政教学设计内容

（一）本次设计的课程思政目标

具备归纳总结能力，树立生态文明建设的科学发展观意识，认识天气特征的规律是相对的，明白具体问题还需具体分析。

（二）课程思政教学设计

1.课前：课程思政引入

①视频素材：雾、霾等视程障碍天气微课。

②资料素材：伦敦雾霾治理经验对北京雾霾治理的启示、《中华人民共和国大气污染防治法》。

【思政贯穿】

课前，教员下发《雾、霾、烟等视程障碍天气》微课视频，使学员初步了解影响能见度的天气因素，引导学员总结归纳不同视程障碍天气形成条件的共同点和差异点，在潜移默化中培养学员的总结归纳能力。督促学员阅读伦敦雾霾治理经验对北京雾霾治理的启示、《中华人民共和国大气污染防治法》等资料，使其认识到雾、霾等治理是全球性问题。我国在空气污染治理上积极主动作为，保护和改善环境，防治大气污染，保障公众健康，推进生态文明建设，促进经济社会可持续发展。

2.课中：课程思政贯穿授课过程

①平流雾和辐射雾时空分布：规律的相对性。

②烟、霾等对作战的影响及治理：生态文明建设。

【思政贯穿】

辐射雾，是指由于地表辐射冷却作用，使地面气层水汽凝结而形成的雾，并不是指这种雾具有辐射性。很多时候，辐射雾甚至就是好天气的征兆，主要是因为辐射雾产生于晴夜、微风、湿度大的条件，日出后随着辐射增温作用变强，地面温度上升，辐射雾也会立即蒸发消散。所以，早晨出现辐射雾，常预示着当天有个好天气。民间就有"早晨地罩雾，尽管晒谷物""十雾九晴"的说法，根据雾的形成条件，就可以看出辐射雾多出现在夜晚至清晨、山谷区。平流雾，是暖湿空气移到较冷的陆地或水面时，因下部冷却而形成的雾，一般出现在靠近海边的区域。虽然辐射雾和平流雾的形成条件决定了它们的时空分布规律，但并不是说沿海就不会出现辐射雾，内陆就不会出现平流雾。近年来，空军就发生过一起内陆出现平流雾，多方处置有误导致飞行事故的案例。教员通过辐射雾、平流雾的形成及对飞行实例的讲授，引导学员认识到辐射雾、平流雾的时空分布特征、规律只是一般情况，气象上总结的很多规律特征并不是绝对的。飞行员不仅要了解战场环境的一般规律，更重要的是要懂原理，在原理的基础上认识天气特征、天气规律，这样才能全面认识战场自然环境。

烟、霾等对作战的影响除了降低能见度、降低武器效能，对作战人员的战斗力也产生影响。我国针对烟、霾等的治理出台了很多政策，采取了系列措施，树立我国的大国担当形象，从而强化学员生态文明建设意识，增强民族自豪感和自信心。

3.课后：课程思政总结反思

教学内容可加强学员对能见度与视程障碍天气的认知，培养学员归纳、总结的逻辑思维意识。课程思政可使学员树立生态文明建设的科学发展观意识，认识到天气特征的规律是相对性的。

学员课堂随感（能见度与视程障碍天气）

课程名称	航空气象学	授课教员	张晓慧
姓　　名	魏道迪	授课时间	2021.06.03
课程育人 切入点 （课程内容）	风、云、能见度是影响飞行安全的基本气象要素。能见度对飞行有哪些影响？影响能见度值的视程障碍天气有哪些？形成条件有什么差异？		
教员的一句 良言	天有不测风云，能见度的预测预报难度很大，懂原理才能明晰天气发展趋势，懂趋势方能防患于未然。		
核心价值观 与做人做事 的道理	任何现象（视程障碍天气）背后都有原因（形成条件），知其原因才能统筹好全局。		
学员的体会、 感悟	能见度对飞行安全、作战效能影响是多方面的，只有掌握影响能见度的各种视程障碍天气产生、消散等原理，才能有效防范。		

飞机积冰

飞机积冰，是指飞机机体表面某些部位聚积冰层的现象。积冰对飞行的危害非常大，它会使飞机的空气动力性能变差，升力减小，阻力增大，影响飞机的稳定性和操纵性，甚至导致飞行事故。随着航空技术的发展，现代飞机的防冰、除冰设备日趋完善，在一定程度上减轻了积冰对飞行的危害程度，但仍难以排除严重积冰对飞行安全的威胁。所以，了解积冰的气象条件、认识积冰对飞行的影响以及掌握飞行中如何防范或减轻积冰的措施，是非常必要的。

一、教学目标

（一）知识目标

了解积冰的种类，理解积冰的特点及对飞行的影响；了解积冰强度划分标准。

（二）能力目标

掌握易积冰环境的分析方法，能够判断在易积冰环境下飞行是否会积冰及积冰部位；掌握积冰的防范和处置措施。

（三）素质目标

树立科学严谨的学习态度和对我国现有装备的信心，能够辩证地看待问题，养成勇敢、无畏、精飞的职业素养。

本部分内容的逻辑关系如图3.5所示。

二、思政元素

"飞机积冰"教学内容中隐含的课程思政元素主要体现在以下几点。

思政点1：严谨的科学态度——飞机积冰的形成

飞机积冰的形成需要飞行环境中存在大量的过冷水滴，飞机机体表面温度低于0 ℃，飞机与过冷水滴碰撞就会在机体表面结冰。在飞机积冰情况分析中，气象环境只是要考虑的因素之一，还需根据具体机型、飞行速度考虑动力增温是否会使机体表面温度高于0 ℃。所以，飞机积冰的判析一定要在科学、严谨的基础上，进行多方面认真细致的分析。

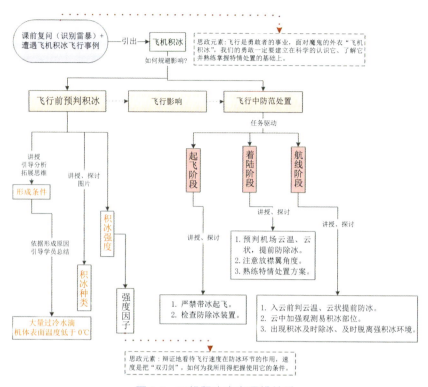

图 3.5 飞机积冰内容逻辑关系

思政点2：辩证观——飞机积冰强度的影响因子（飞行速度）

运动的飞机对机体前缘空气有挤压作用，空气受到压缩后温度上升，飞机的运动将动能转化为热能的过程为动力增温。一般来说，驻点处动力增温值与飞行速度的平方成正比，即速度越大，动力增温越明显，当动力增温值使得飞机表面温度高于0 ℃时就不会积冰。但对于飞机积冰，速度是一把双刃剑，一方面随着飞行速度的加大，会使机体温度升高；但是速度加大的同时，除了增温，还会增加过冷水滴碰撞机体的概率，使冻结加速。因此，要辩证地看待速度增温对融冰的作用。

思政点3：装备自信——飞机除冰方式（设备防/除冰）

目前，主要使用热引气防/除冰、电加温防冰、机械能除冰、液体防/除冰以及电脉冲防冰5种方法防/除冰。当飞机在空中飞行时，如果防/除冰系统一直处于工作状态将降低发动机性能，经济成本也增大，所以防/除冰系统只是在需要的时候开启工作状态。为保证飞行安全，飞行员需要及时知悉飞机是否进入积冰运行区，以便及时飞离或启动防/除冰系统。为此，获得准确的积冰探测信号就显得非常重要。当前飞机一般通过不同类型的积冰探测器来获知积冰信息。近年来，空军某室设计了不同机型结冰探测系统，该系统的结冰传感器将结冰信号转换成振动频率信号，防/除控制器将结冰传感器输出的信号进行放大、转换、鉴频处理，向飞行员发出积冰告警指令，及时除掉冰层，提高了飞机高空除冰效率，展示了我国防/除冰设备发展的优势。

思政点4：勇敢、无畏、精飞的职业素养——飞机积冰的防范与处置

在飞机积冰的防范与处置内容中，教员加入飞行中遭遇飞机积冰并成功处置的实例，深入剖析实例背后的内涵。发现飞机积冰时，飞行员保持沉着冷静，正确处置，体现了精湛的飞行技术和勇敢、无畏的英雄气概。作为新时期的飞行员，担负着守卫国家领空的使命，深厚的基础知识、娴熟的技术能力、过硬的生理和心理素质缺一不可，同时还需要具备勇敢、无畏、精飞等职业素养。

课程思政点与教学内容对照见表3.4。

表 3.4 课程思政点与教学内容对照

序 号	教学内容	思政点
1	飞机积冰的形成	严谨的科学态度
2	飞机积冰强度的影响因子（飞行速度）	辩证观
3	飞机除冰方式（设备防 / 除冰）	装备自信
4	飞机积冰的防范与处置	勇敢、无畏、精飞的职业素养

三、课程思政教学设计内容

（一）本次设计的课程思政目标

树立科学、严谨的学习态度和对我军现役装备的信心；能够辩证地看

待问题；养成勇敢、无畏、精飞等职业素养。

（二）课程思政教学设计

1.课前：课程思政引入

① 视频素材：积冰形成微视频。

② 知识素材：除防冰液如何"防冰"；机载防/除冰装置研究进展、应用现状。

【思政贯穿】

课前，教员下发飞机积冰形成的微视频、不同种类冰形成的简易动画，引导学员初步认识积冰形成的3个基本条件：大量的过冷水滴、机体表面温度低于0 ℃、过冷水滴与机体碰撞。进一步，通过给出不同种类冰的形成条件，让学员认识到基本条件相同，但过冷水滴大小和含量、机体表面温度等的差异都直接导致了积冰种类不同，对飞行的影响也不同。

教员提前布置任务让学员了解我空军近年来在结冰探测系统方面取得的成就，增强学员对我国科技发展的自信心和对部队装备的信任感。

2.课中：课程思政贯穿授课过程

① 严谨的治学态度：飞机积冰的形成。

② 辩证思维能力：增加飞行速度对消除积冰是把"双刃剑"。

③ 勇敢、无畏、精飞的职业素养：飞机积冰的防范与处置。

【思政贯穿】

教员从近年来飞机积冰造成的事故统计出发，介绍积冰的危害，并在此基础上强调飞行前预判积冰的重要意义。预判积冰首先需要了解积冰的形成，在课前学员已经预学的基础上，重点引导学员多角度考虑问题，在综合分析的基础上得出是否会积冰、积什么冰的结论。在积冰形成的知识传授过程中引导和培养学员严谨的治学态度，提升多角度、综合分析问题的思维意识。积冰的危害程度与积冰种类、强度有关，而影响积冰强度的因子有过冷水滴的大小和多少、机体的曲率和粗糙度、飞机飞行速度。在讲到飞行速度对积冰强度影响时，通过飞机模型解释说明动力增温的概念，通过公式推导说明动力增温的由来，通过情境设置引导学员认识低速飞机在积冰环境中速度越大，过冷水滴与机体碰撞概率越大，积冰强度越大；对于高速飞机，增大飞行速度可使机体表面温度高于0 ℃，飞机不会出现积冰,进一步引导学员认识速度融冰并不是绝对的,增加飞行速度对于消除积冰是把"双刃剑"。人生发展、作战均是如此,有些看似有利环境、有利形势、有利装备,那也是在一定条件背景下有利,所以我们遇到问题不能一概而论,要学会辩证地看待问题。

虽然在飞行前准确地预判了飞机积冰,但天气是一直发展演变的,由于任务的需要,飞行中不可避免地会进入积冰环境区。通过介绍军、地飞行员遇到飞机积冰和正确处置的实例,引导学员认识到只有正确地认识积冰、了解积冰危害、掌握积冰处置原则和方法,才能正确处置飞机积冰问题。同时,还需要高超的飞行技术和过硬的心理素质。

3.课后:课程思政总结反思

基础理论的学习可加强学员对飞机积冰的认知,培养学员科学精神。课程思政中分析积冰形成的原因,培养学员科学严谨的科学态度;解释速度对积冰强度的影响,引导学员建立辩证思维能力;结合飞行实例,引导学员树立勇敢、无畏、精飞的职业素养。

学员课堂随感（飞机积冰）

课程名称	航空气象学	授课教员	张晓慧
姓　名	张智博	授课时间	2021.06.15
课程育人切入点（课程内容）	以科学的视角了解积冰的形成原因，辩证地看待影响积冰强度的各因子，相信我们的防除冰设备能够正确处置飞机积冰。		
教员的一句良言	速度融冰只是在某些条件下适用，生活、工作中没有万能钥匙，解决方案一定要多方位全面考虑。		
核心价值观与做人做事的道理	飞机积冰的安全防范需要精湛的飞行技术，积冰环境判析的气象素养以及果敢、无畏的飞行品质。		
学员的体会、感悟	正确处置飞机积冰需要对积冰的全面认识，同时还需要过硬的飞行技术和较强的心理素质。		

航空气候与区域性气象特点

一个地区的气候，是指该地区长时期内的大气平均状态和特有的天气情况，也包括某些特殊年份偶然出现的极端天气。气候与人类的各项活动密切相关，与航空活动的关系尤为紧密。与航空活动有关的气候称为航空气候，它是制订飞行训练和作战计划、制作航空天气预报等工作的重要依据。因此，飞行人员应该熟悉我国航空气候的基本特征，了解我国周边地区的气候特征及一些特殊地区的气象特点。

一、教学目标

（一）知识目标

了解气候的定义、气候变化及影响、我国的季节气候特征、我国各区航空气候特征、我国周边热点地区的航空气候特点、特殊区域航空气象特点以及飞行注意事项。

（二）能力目标

具备根据气象基础理论推测某区域气候特征的能力。

（三）素质目标

树立文化自信心和大国担当意识，具备基于基础理论分析问题的思维能力。

本部分内容的逻辑关系如图3.6所示。

二、思政元素

"航空气候与区域性气象特点"教学内容中隐含的课程思政元素主要体现在以下几点。

思政点1：文化自信——气候的定义

气候是指该地区长时期内的大气平均状态和特有的天气情况，也包括某些特殊年份偶然出现的极端天气，是该时段各种天气过程的综合表现。气象要素（气温、降水、光照、风力等）的各种统计量（均值、极值、概率等）是表征气候的基本依据，一般气候的计算时间为30年。气候与人类社会有密切关系，许多国家很早就有关于气候现象的记载。在古希腊文中，

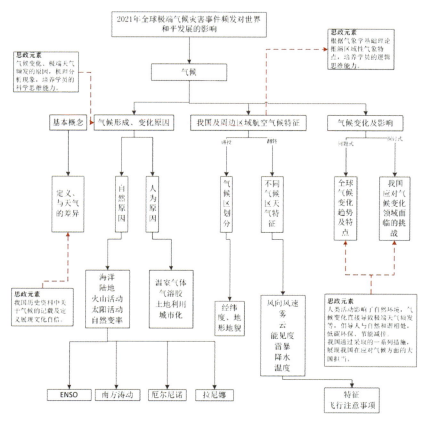

图 3.6 "航空气候与区域性气象特点"内容逻辑关系

气候意为倾斜,指各地气候的冷暖同太阳光线的倾斜程度相关。我国历史上很早就有关于气候的记载,古人将5日定为1候,15日(3候)定为1气,也就是一年有73候24气。古典文学《西游记》中孙悟空的72变就取自1年中的73候,只是古人认为人、神无法战胜自然或单纯就是为了简单而简化为72变,而24气就是我们常说的二十四节气。总体来说,我国对于气候的认知和了解在很久以前就已经有了,并且融入了古人的人生哲学和生产、生活经验。

思政点2:科学思维能力——区域气候特征及气候变化原因

我国国土面积960多万平方公里,山多地广,气候类型多样,有高原气候、热带季风气候、亚热带季风性湿润气候、温带季风气候、温带大陆性气候,每种气候特征差异很大,即使同一气候在不同的地区又有其独特的地方性气候。短时间内掌握我国甚至周边区域的气候特征不太现实，但可以通过前期气象基础理论的学习，掌握气候特征的分析思路，这样无论将来战场的自然环境怎样，都可以短时间内根据经纬度（太阳直射点的位置影响辐射量）、地形地貌（山脉阻挡作用、海洋湖泊对湿度的影响等）特征、天气系统（气团、锋面、气旋、反气旋等）大体确定该区域的气候特征，分析出对作战有影响的气象要素，由此培养学员良好的逻辑思维习惯。

近年来，气候变化导致灾害性气候事件频发，冰川和积雪融化加速，水资源分布失衡，生物多样性受到威胁。气候变化还引起海平面上升，沿海地区遭受洪涝、风暴等自然灾害影响更为严重，小岛屿国家和沿海低洼地带甚至面临被淹没的威胁。气候变化对农、林、牧、渔等经济社会活动都会产生不利影响，加剧疾病传播，威胁社会经济发展和人民群众身体健康。气候变化的原因可能是自然的内部进程，或是外部强迫，或是人为持续对大气组成成分和土地利用的改变。在人为因素中，主要是由工业革命以来的人类活动，特别是发达国家工业化过程的经济活动引起的。化石燃料燃烧和毁林、土地利用变化等人类活动，会排放温室气体导致大气温室气体浓度大幅增加，温室效应增强，从而引起全球气候变暖。但目前也有学者认为气候变暖并非人类活动导致二氧化碳浓度增加促使大气变暖，而是气候发展就存在波动。对于不同的论断，学员需要科学、理性地认识这一问题，从机理上（五大圈层、太阳辐射、地形地貌）深度剖析气候形成、变化的原因，客观地看待气候自然变暖的趋势，认真对待人为因素中化石燃料排放增加导致温室气体增加，加剧了气候变暖的事实。

思政点3：大国担当、民族自豪感——气候变化应对措施

在应对气候变化方面，我国直面问题，积极转变发展方式，推进技术创新，以低碳经济作为应对气候变化战略的核心内容，坚持《联合国气候变化框架公约》的原则，积极推进气候变化谈判进程，坚持科学发展观，以节能减排为抓手，减缓温室气体排放，加快技术进步，增强应对气候变化领域的自主技术创新能力，加强适应气候变化和应对极端天气事件的能力。2020年9月22日，习近平主席在第七十五届联合国大会一般性辩论上宣布："中国将提高国家自主贡献力度，采取更加有力的政策和措施，二氧化碳排放力争于2030年前达到峰值，努力争取2060年前实现碳中和。""双

碳"目标展现了中国推动构建人类命运共同体的大国担当，中国真正做到了成为全球生态文明建设的"参与者、贡献者、引领者"。

课程思政点与教学内容对照见表3.5。

表 3.5　课程思政点与教学内容对照

序　号	教学内容	思政点
1	气候的定义	文化自信
2	区域气候特征及气候变化原因	科学思维能力
3	气候变化应对措施	大国担当、民族自豪感

三、课程思政教学设计内容

（一）本次设计的课程思政目标

树立文化自信心和大国担当意识，具备基于基础理论分析问题的思维能力。

（二）课程思政教学设计

1.课前：课程思政引入

① 数据资料：近年来气象要素统计表及国际、国内关于气候变暖的应对措施。

② 视频素材：《触目惊心！ 2021年全球极端天气频发》。

【思政贯穿】

课前，教员下发统计分析资料报告及国际、国内关于气候变暖的应对措施，通过多个事例、会议材料、国家应对措施等让学员了解气候变暖、极端天气频发的事实，让学员在材料的阅读中了解国家在"碳达峰""碳中和"的这些目标下，秉承低碳经济、节能减排的理念，在科学发展方面采取的重大措施，深刻体会我国在建立稳定、经济、清洁、安全的能源供应体系下的大国担当。

教员通过《触目惊心！ 2021年全球极端天气频发》视频，让学员在4月印度尼西亚、东帝汶暴雨，6—7月美国、加拿大遭受历史性高温干旱，7月14日西欧遭遇"千年一遇"洪灾，12月菲律宾遭遇强台风"雷伊"影响等具体事件的画面冲击下感受全球各地极端天气事件频发这一事实，使学员了解气候变化正将人类逼近绝境，强调气候特征、气候变化是我们必须要关注的问题。飞行中如何应对气候变化背景下极端天气频发，是每一名飞行学员的必修课。

2.课中：课程思政贯穿授课过程

①气候的基本概念：我国历史文化中对气候的定义展现文化自信。

②气候变化原因、区域气候特征：基于原理分析特征的思维能力。

【思政贯穿】

教员从气候的基本定义出发，介绍国内外对于气候的认识，重点通过我国古典文学中72变、农业生产生活规律二十四节气的引申，让学员在传统文化的熏陶中增强中华民族文化自信心。通过气候形成、气候与天气差异的分析，引导学员认识气候变化的原因、区域性气候特征，重点通过内容回顾、旧知唤新知的方法让学员认识到辐射、地形地貌、大气环流对气候形成的作用，使学员能够根据某一区域的经纬度、地形地貌特征等确定该地区的气候特征及区域性气象特点，并从特征出发分析其对飞行作战的影响。

3.课后：课程思政总结反思

教学内容可加强学员对航空气候特征的认知，培养学员科学精神和逻辑思维能力。课程思政可增强学员文化自信心、民族自豪感和大国担当意识。

学员课堂随感（航空气候与区域性气象特点）

课程名称	航空气象学	授课教员	张晓慧
姓　　名	张　震	授课时间	2021.06.26

课程育人切入点 （课程内容）	东北大部分机场跑道为什么是南北方向的？这就跟东北地区航空气候有关。什么是气候、航空气候？存在哪些特征？对作战训练有哪些影响？是否会发生变化？
教员的一句良言	天气是气候的基础，气候是天气的"综合"。
核心价值观与做人做事的道理	一件事做10年、20年、30年，即使做不到极致，但作用也是不能小看的。人要成气，就要抓住每个瞬间加油干。
学员的体会、感悟	天气是短时、短期，气候是无数个瞬间的平均。航空气候特征是多年的航空气象要素平均的结果，它的时间轴长直接决定了对作战训练的影响是深远的。

第四篇

"空气动力学"
课程思政

励志笃实 乾程思政 追求卓越 勃

气

富强、民主、文明、和谐，
自由、平等、公正、法治，
爱国、敬业、诚信、友善。

空军航空大学

AVIATION UNIVERSITY OF AIR FORCE

第一部分　课程概述

一、课程性质与定位

"空气动力学"课程是航空飞行与指挥（飞行技术）专业的必修主干课程，主要研究飞机与空气发生相对运动时，作用在飞机上的空气动力产生与变化规律。课程内容包括飞机低、高速飞行时空气的流动特性及飞机空气动力特性两部分，可为"飞机飞行力学""航空动力装置""航空气象学"等其他航空理论课程提供必要的理论基础，对军事飞行人才培养起着基础性和长效性的支撑作用。

二、课程教学目标

熟悉空气动力学的基本概念，掌握飞机与空气相对运动时空气流动的规律及低、高速飞行时空气动力产生原因及变化规律；了解飞机气动布局的发展历程、先进气动控制技术以及空气动力学研究方法；能够运用空气动力学理论解释翼尖涡、声障、激波等现象，完成空气动力性能计算，形成定性及定量分析空气动力现象及飞行实际问题的能力；不断提升对空气动力学理论的深度和广度的认识，形成尊重科学、严谨务实的学习品质，培养问题意识、求异思维和探索精神。

三、课程思政理念

"空气动力学"课程历史悠久，内涵丰富，涉及大量学科发展过程中的科学故事、科学家故事以及国内外航空航天工业发展大事件，蕴藏着丰富的自然科学和社会科学方面的思政元素。开展"空气动力学"课程思政教育，将价值取向、能力提升和知识传授作为课程思政的主要目标，在课

程中寻找科学精神、家国情怀、国际视野、创新思维和战斗精神等德育教育的融合点和切入点，并通过典型内容和案例的设计运用，以润物无声的方式传递给学员，培养学员正确的世界观、价值观和人生观，形成"励志空天、追求卓越"的人生和事业追求。

空气动力学经典理论的发展史是一部人类不断超越自我，追求更快速度、更高高度、更小阻力和更大升力的历史，其背后是空气动力学前辈们探索真理、追求科学精神的奋斗史；这些理论的最佳体现就是各式各样的飞机的更新换代史。课程思政的理念就是在课程中以经典理论、科学人物、飞机发展、创新意识和辩证思维为线索，将课程思政元素随教学进程逐步呈现在教学内容之中。

第二部分　课程思政案例

机翼的形状

机翼的形状与飞机的空气动力特性和飞行性能有着密切的关系，是理解飞机设计思想和飞行性能的重要基础知识。这部分内容可帮助学员了解飞机气动布局的演变过程、空气动力学理论和实践的发展历程以及世界各国航空工业的发展进程乃至空战的发展史。因此，以机翼的形状为主干，可以辐射出多条分支，能够关联到飞行梦想、创新意识、实践精神、辩证思维、家国情怀等多维思政元素。

一、教学目标

（一）知识目标

认识并列举常见的机翼形状；能够用翼展、展弦比、根尖比等专业术语描述机翼的平面形状及翼型。

（二）能力目标

能够初步评价机翼平面形状对飞机气动特性的影响，为今后学习并驾驭不同机型奠定必要的能力基础。

（三）素质目标

激发学习空气动力学的兴趣，树立自觉关注航空事业发展动态的学习品质、突破常规的创新意识及辩证的唯物主义哲学观。

本部分内容的逻辑关系如图4.1所示。

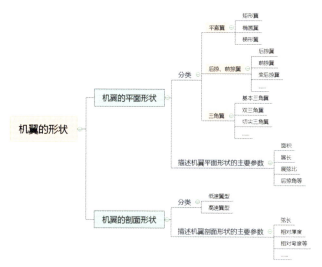

图 4.1　机翼的形状内容逻辑关系

二、思政元素

"机翼的形状"教学内容中隐含的课程思政元素主要体现在以下几点。

思政点1：突破常规，勇于探索——典型的小展弦比飞机

F-104战斗机绰号为Starfighter，译名为星式战斗机，是20世纪50年代中期美国洛克希德公司研制的第二代超声速战斗机，是世界上第一种飞行速度达到两倍声速的战斗机，最大可用过载达到7.33。F-104战斗机的设计一反当时美国空军大型化、重型化的趋势，强调轻巧与简单，在60年代长期保持爬升率与最大升限的纪录。全机采用正常式布局，单发单座，两侧

进气，机翼为带大下反角的平直翼，T形尾翼布局。为了减小阻力，机身长细比较大，并有明显的蜂腰设计。翼展为6.63米，机翼面积为18.22平方米，展弦比只有2.41。这么小的展弦比对于减小诱导阻力是非常不利的。因为展弦比越小，其他条件相同时的诱导阻力就会越大。展弦比大，可以减小诱导阻力，从而提高飞机的机动性。但是展弦比小，有利于减小超声速飞行时的激波阻力。F-104飞机正是小展弦比超声速飞机的典型代表，突破常规的展弦比设计，成为世界上第一款飞行速度超过两倍声速的战斗机。

思政点2：关注翼型，熟悉装备——翼型的历史、现状和未来

翼型是指平行于飞机对称面的机翼剖面。翼型不仅是机翼气动外形设计的基本元素，也是影响飞机气动力的"基因"和"灵魂"。正因如此，翼型成为发展航空飞行器的重要基础技术，先进翼型数据也被视作飞机设计的重要技术机密和飞机制造商保持商业竞争优势的重要筹码。

翼型是人类探索飞行奥秘的一项伟大发明。1884年英国科学家H. F. Phillips通过风洞实验第一次发明了一系列具有实际意义（一定的厚度和弯度）的翼型。他的翼型研究成果对航空领域产生了重大影响，被誉为"现代翼型鼻祖"。早期的翼型研究是经验性的探索与尝试，缺乏理论支撑。直到1902年，德国数学家M. W. Kutta和俄国空气动力学家N. Joukowsky分别独立发现了速度环量的定解条件，促进了翼型设计进入理论分析与风洞试验相结合的时代。

20世纪30年代到40年代，美国国家航空咨询委员会（National Advisory Committee for Aeronautics，NACA）开始高度重视并系统地开展了翼型研究，发展了著名的NACA系列翼型，在气动领域奠定了美国航空强国的基础。同一时期，苏联的中央流体研究院（TsAGI）也高度重视翼型研究，发展了著名的TsAGI翼型。

自20世纪60年代开始，由于超临界翼型原理的发现，翼型研究重新得到了高度重视。特别是70年代后，随着计算机技术的快速发展和计算流体力学的兴起，翼型的设计不再主要依赖于风洞实验，而是可以通过数值模拟较为准确地预测翼型的气动特性，为现代翼型的研究和发展提供了重要的理论和技术基础。

我国直到20世纪80年代才开始翼型的研究。但随着我国在航空飞行器

领域对国外追赶的步伐逐步加快，完善先进翼型谱系、发展针对新一代飞行器的新概念翼型的研究也被提上日程。

进入21世纪，随着新一代飞行器的研究与发展，以及纳维尔-斯托克斯（Navier-Stokes，N-S）方程高可信度数值模拟、边界层转捩预测、高维全局优化设计、多因素稳健设计和精细化试验测量等理论、方法与技术的不断进步，翼型研究被赋予新的使命和内容。21世纪以来的翼型研究全面地向着专用翼型和更强调综合性能的方向发展。面向先进战斗机的薄翼型、面向飞翼布局飞机的翼型、面向高空长航时无人机的低雷诺数层流翼型等正在为翼型研究和发展提供新的思想和方法。

思政点3：坚持梦想，锲而不舍——天才设计师凯利·约翰逊

凯利·约翰逊（1910年2月27日—1990年12月21日）是20世纪中叶美国最具创造力的飞机设计师，是航空史上最有才华、最有成就的人物之一，曾被授予自由奖章、莱特兄弟奖、国家安全奖章等特殊荣誉。他是洛克希德公司的灵魂人物。他所领导的洛克希德公司的高级研制工程处（更为人所知的名称是"臭鼬工厂"）在20世纪生产出了许多美国最先进的军用飞机。

凯利·约翰逊出生在美国密歇根州一个叫伊什佩明的小镇中，父亲是一位有创造力的泥瓦匠和木匠。按照凯利的说法，他是从父亲那里学到最初的工程结构知识的。贫穷的家庭生活历练了小约翰逊坚强而又倔强的性格。1929年约翰逊以优异的成绩考入密歇根大学航空工程系。1932年约翰逊以优异的成绩从密歇根大学毕业，并获得了理学学士学位。毕业后，他继续留在学校并担任斯托尔克教授的助教，继续钻研各种航空学理论。在学习期间，他禁受住做飞行员和橄榄球运动员的巨大诱惑，几乎把所有可以利用的时间都用来研究飞机和气动布局上，只用了两年时间就完成了三年的功课，被授予航空工程学硕士学位。在整个大学期间，他把全部精力都放在了学业上，只参加了两次社会活动，一次是看一场很好看的电影，另外一次是去参加一个班级舞会。为了赚够生活费和学费，他曾经在建筑工地打工，曾经在饭店洗过几万个盘子，这种锲而不舍的精神，日后也成为他克服重重困难、完成型号研制工作的关键。

课程思政点与教学内容对照见表4.1。

表 4.1　课程思政点与教学内容对照

序　号	教学内容	思政点
1	典型的小展弦比飞机	突破常规，勇于探索
2	翼型的历史、现状和未来	关注翼型，熟悉装备
3	天才设计师凯利•约翰逊	坚持梦想，锲而不舍

三、课程思政教学设计内容

（一）本次设计的课程思政目标

从专业角度认识飞机，突破思维定式，理解机翼形状与飞机总体性能之间的关系，认识到人的创造力是无限的，创新源于热爱，源于积累。在以后的学习和工作中，应充分发挥自己的主观能动性，克服困难，探索更多的可能性，持续关注装备发展。

（二）课程思政教学设计

1.课前：课程思政引入

① 图片素材：形形色色的机翼，具有典型展弦比的飞机——F-104，反映翼型发展的系列翼型图片。

② 文字素材：美国天才飞机设计师——凯利•约翰逊。

【思政贯穿】

教员课前布置任务，由学员在网上收集具有不同机翼形状的飞机图片，激发学员的学习兴趣。向学员推送关于凯利•约翰逊的生平简介及课外阅读书籍《我怎样设计飞机——美国飞机设计师凯利•约翰逊自传》。结合学员收集的图片素材，选取典型飞机进行简要介绍，与参考文献《翼型研究的历史、现状与未来发展》一同推送到班级群。

2.课中：课程思政贯穿授课过程

① 理论基础：常见的机翼平面形状与剖面形状及其主要参数。

② 创新精神：从飞行性能需求出发，大胆想象飞机的气动外形，尤其是机翼的形状，激活创新意识。

③ 追求梦想：尽管飞机设计需要天才的思想和灵感，但是执着追求梦想并为之付出长期的努力才是成功的关键。即使是天才设计师凯利·约翰逊，也是付出了巨大的努力才实现了辉煌的成就。

【思政贯穿】

飞机的机翼是产生升力的主要部件。机翼的形状分为平面形状和剖面形状。机翼的平面形状是指机翼在水平面内投影的形状。机翼的剖面形状又称为翼型。飞机诞生以来的一百多年发展历程中，各种各样的机翼平面形状和剖面形状充分展示了人类卓越的智慧和孜孜不倦的探索精神、创新精神。教员首先结合翼型的发展历程，指出翼型研究与设计对飞机性能提升的重要推动作用，引导学员关注翼型发展，努力做到熟悉装备，以便今后驾驭装备。然后以F-104为例，介绍其展弦比与飞行性能的关系。组织课堂讨论：展弦比到底是大好还是小好？通过讨论，使学员认识到展弦比的确定主要取决于对飞机性能的要求，正如F-104飞机为了减小超声速飞行时的激波阻力，展弦比不同寻常地小，激励学员敢于突破常规思维、勇于创新。

凯利·约翰逊在1933年到1975年间的设计生涯中，共设计了40多种飞机，其中，非常有代表性的包括：曾在二战中大显神威的P-38"闪电"螺旋桨战斗机、1943年研制的第一代喷气战斗机P-80。后来还重新设计了被洛克希德公司称为"流星"的美国第一种战术喷气式战斗机F-80。20世纪50年代中期研制的F-104系列超声速战斗机，采用了那个时代最尖端的超声速设计。凯利·约翰逊通过实验，解决了翼型和结构问题，由此诞生了1955年秘密完成首飞的U-2高空侦察机。当凯利·约翰逊提出的U-2高空侦察机计划通过时，他的大胆设计震惊了世界。1964年首飞的SR-71战略侦察机，再一次让世界目瞪口呆。3倍声速和2.5万米高度达到了那个时代的巅峰。直到SR-71退役为止，这种飞机创造了没有一架是为敌方所击落的记录。

此后，再介绍凯利·约翰逊不平凡的一生，重点强调他在学员时代刻苦读书，坚持不懈直至实现设计飞机的梦想，鼓励学员珍惜青春年华，努力学习，强化探索精神，努力实现自己的飞行梦想。

3.课后：课程思政总结反思

本次课的思政设计主要结合典型机翼形状的发展变化，从激发创意的

角度切入，达到了预期的思政效果。学员通过对机翼展弦比的比较，在定性认识的基础上增加了定量分析的维度，并结合具体飞机设计实例深度思考了展弦比大的优点和展弦比小的优点，从而丰富了思维的广度，看待问题更加全面而辩证，突破了传统的单一而僵化的思维定式。同时，通过了解飞机设计师的生平和对飞机设计的贡献，感受到创意的魅力以及为实现梦想所做出的努力，以此激发求知欲，树立学习的决心和信心。

教学内容可激发学员的学习兴趣，开拓学员的视野，使学员自觉关注飞机的气动外形设计。学员通过学习，看到飞机的机翼，首先会将其与学过的主要几何参数联系起来，应用理论初步评价飞机的气动外形，再结合课上介绍的典型飞机，运用创新意识，大胆设想飞机机翼的平面形状、剖面形状等气动布局可能的发展前景。

学员课堂随感（机翼的形状）

课程名称	空气动力学	授课教员	李颂
姓　　名	刘飞扬	授课时间	2021.03.03
课程育人切入点（课程内容）	从飞行应用的角度，了解机翼形状的种种变化；从飞机设计的角度，理解飞机设计师基于总体考虑所做出的各种取舍。		
教员的一句良言	心有多远，天就有多高。		
核心价值观与做人做事的道理	目的不同，做事情的方向不同，一旦方向确定，就要义无反顾，勇往直前。		
学员的体会、感悟	飞机的世界充满了人类的梦想和非凡的创造力。放飞思想，获得最大程度的自由。		

边界层

边界层理论对于理解空气流动规律和飞机的升阻力特性、理解和感知飞机大迎角下的空气动力现象具有重要作用。学习这部分内容，还可以深入了解空气动力学理论和实践的发展历程，了解中外著名的科学家在边界层理论建立和发展中的作用和主要成就。以边界层的产生、性质、类型和边界层分离的过程、原因及抑制气流分离的方法为主线，引出一系列的科学家、科学故事和工程技术方法，并从中挖掘出科学探索、实事求是、大胆质疑、勇于实践等宝贵的精神财富，领略科学巨匠的风采。

一、教学目标

（一）知识目标

说出边界层的概念、性质和类型，阐述边界层的产生及分离过程，总结边界层分离的根本原因。

（二）能力目标

根据边界层分离的原因，提出抑制边界层分离的途径和方法，具备透过现象看本质的分析解决实际问题的能力。

（三）素质目标

学会从局部和整体关系出发，辩证理解边界层的作用；科学认识大迎角下气流分离现象，养成自觉关注航空事业发展动态的学习品质。

本部分内容的逻辑关系如图4.2所示。

二、思政元素

"边界层"教学内容中隐含的课程思政元素主要体现在以下几点。

思政点1：提出问题比解决问题更重要——导入边界层课题

达朗贝尔（D'Alembert，1717—1783）是法国著名的物理学家、数学家和天文学家。达朗贝尔在1752年发表的一篇论文中提出了流体力学中著名的达朗贝尔悖论（D'Alembert's paradox）。达朗贝尔提出，任意三维物体理想流体定常绕流时，是无阻力存在的。这个结论显然与观察到相对于流体（如空气和水）移动的物体的实质阻力直接矛盾，特别是对应高雷诺数

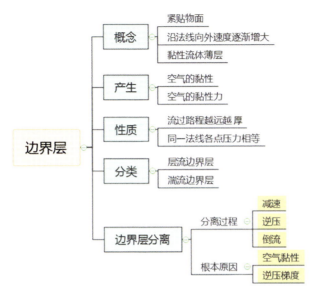

图 4.2　边界层内容逻辑关系

高速度的情况下。这个佯谬引发了科学家们对流体黏性的思考和理论分析，以及对伯努利方程的再认识。人们对基于理想流体模型的经典理论开始产生怀疑，这也为边界层理论的提出建立了研究的起点。由此也带来一个启示：提出一个问题，往往比解决问题本身更具有意义。

思政点2：处理好整体流动与局部流动的关系——边界层理论的提出

路德维希·普朗特是德国力学家、世界流体力学大师，1900年获得博士学位，1904年后被聘去哥廷根大学建立应用力学系、创立空气动力实验所和流体力学研究所，自此从事空气动力学的研究和教学。他在边界层理论、风洞实验技术、机翼理论、湍流理论等方面都做出了重要的贡献，被称为空气动力学之父和现代流体力学之父。自从1752年法国科学家达朗贝尔提出著名的达朗贝尔悖论以来，人们对基于经典流体力学得到的圆柱绕流无阻力的结论一筹莫展。直到1904年世界流体力学大师普朗特才解决了这个困扰科学家们152年的悖论。

普朗特解决达朗贝尔悖论的关键在于巧妙处理了整体流动和局部流动的关系问题，从而深刻阐述了绕流物体在大雷诺数情况下表面受黏性影响的边界层流动特征及其控制方程。以来流速度和圆柱直径计算的来流雷

诺数只能表征整体流动特征，无法表征绕流物体壁面附近的局部流动行为（即边界层流动），来流雷诺数只能控制黏性效应对边界层外的流动影响，而对边界层内黏性影响只能由边界层内的流动特征决定。边界层理论为黏性流动问题的解决找到了新的途径，起到划时代的里程碑作用。

思政点3：树立民族自信心——抑制边界层分离方法

根据边界层气流分离的原因，可以从降低黏性影响和减小逆压梯度两个方面抑制边界层气流分离。最新的边界层控制技术之一就体现在了无附面层隔道超音速进气道（diverterless supersonic inlet，DSI）的设计上。DSI是20世纪50年代由NASA提出的概念，此后得到了深入研究及广泛应用，如美国的F-35、F-16，中国的歼-20、歼-10以及中国和巴基斯坦合作设计制造的枭龙都采用了DSI设计。

DSI能够通过鼓包压缩产生系列斜激波，将超声速来流降为亚声速，减小进入进气道内的气流的总压损失，从而减弱气流分离的程度。世界上只有中国和美国具备这项技术。它的技术难度实际上是非常大的，首先是设计出这个鼓包就需要极高的空气动力学和计算机技术水平，其次它的制造精度要求很高，金属材料要加工出来是很困难的。目前的DSI鼓包只能使用复合材料。由此可见，我国的超级计算机和材料科学与技术的快速发展有力支撑了航空工业的迅猛发展，使得我国在DSI设计方面具有世界领先优势。

课程思政点与教学内容对照见表4.2。

表 4.2　课程思政点与教学内容对照

序　号	教学内容	思政点
1	导入边界层课题	提出问题比解决问题更重要
2	边界层理论的提出	处理好整体流动与局部流动的关系
3	抑制边界层分离方法	树立民族自信心

三、课程思政教学设计内容

（一）本次设计的课程思政目标

细心观察身边的空气动力学现象，敢于提出问题，学会从局部和整体的关系出发，寻找解决问题的途径；结合边界层理论知识，感受科学家们对科学的质疑精神和孜孜以求的探索精神，感受我国航空工业的发展进步。

（二）课程思政教学设计

1.课前：课程思政引入

① 系列问题：与边界层气流分离有关的现象，引发学员思考，提高学员学习兴趣。

② 系列人物：达朗贝尔、普朗特。

【思政贯穿】

教员课前布置一系列问题：为什么大卡车经过土路，卡车后部会尘土飞扬？为什么网球表面会有大量凹坑？为什么长跑比赛中，要采用领跑战术？为什么放风筝时，拉线拉得太快，风筝会掉下来？为什么飞机会失速，甚至进入尾旋？通过这一系列或是来自日常生活或是飞行实际的现象，引导学员思考现象背后的原因，激发学员学习边界层分离的兴趣。

教员推送关于达朗贝尔、普朗特等科学家们的简介，使学员认识到科学无国界，空气动力学理论发展离不开世界各国科学家的共同努力。

2.课中：课程思政贯穿授课过程

边界层是指流体绕固体流动时在紧挨着物面附近形成的沿物面法线方向向外速度逐渐增大的黏性流体薄层。其虽然只是一薄层空气，但对飞机的空气动力特性具有重要影响。在边界层理论没有诞生之前，经典流体力学的理论基础一直是无黏假设。但是在研究物体在流体中运动时所受的阻力问题时，经典流体力学遭遇了失败，得出了与事实不符的"D'Alembert之谜"。直到1904年世界流体力学大师、德国空气动力学家普朗特提出了边界层理论，这个谜题才得到令人信服的解决方案，也有力推动了流体力学理论体系的完善和发展。

① 视频及课堂实验引入：玻璃片穿过烟幕，直观显示边界层的存在；课堂实验再次证明边界层的存在，并由此分析边界层的特点，得出边界层

的概念。

② 人物素材：达朗贝尔、普朗特等科学家对流体力学发展做出的卓越贡献。

③ 图片素材：展示边界层隔板、DSI图片。

【思政贯穿】

课上，以达朗贝尔悖论引发思考，教员介绍长期以来流体力学界难以解决的问题和理想流体模型的缺陷，由此也可以说明提出问题的重要性。

教员通过播放玻璃片穿过烟柱的视频（图4.3），使学员建立边界层的直观印象。然后，通过随堂演示实验（图4.4），再次证明边界层的存在，并引领学员分析边界层相邻空气层间的相互作用力，由此总结边界层的概念。这样的设计能够强调科学实验和细致观察、理论分析的重要性。

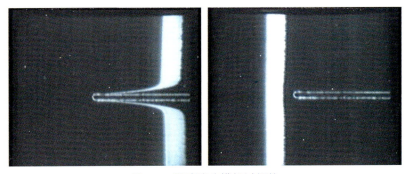

图 4.3　用玻璃片横切过烟柱

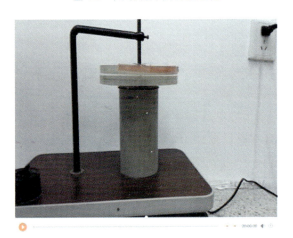

图 4.4　相邻空气层间相互作用的验证实验

此后，介绍边界层理论的奠基者——普朗特及其学术贡献，指出该理论的重要价值和其思想的闪光点。边界层理论的提出，丰富和完善了流体力学理论体系。

教员在讨论抑制边界层分离的方法和措施时，展示边界层隔板和DSI图片，由此介绍我国航空工业的迅猛发展，使学员在熟悉装备发展的同时，树立民族自信心。

3.课后：课程思政总结反思

课后，教员向学员推送"两弹一星"功勋、我国著名空气动力学家郭永怀编写的《边界层理论讲义》，鼓励学员不拘泥于教材，自主拓展学习，并让学员通过边界层内容的学习，自己应用边界层理论分析课前提出的一系列问题，达到学以致用的目的。同时，鼓励学员查阅资料，进一步收集关于抑制边界层气流分离的措施，以此了解空气动力学领域的新理论、新技术及其在边界层控制方面的新应用，培养学员科学认识大迎角下的气流分离特性及自觉关注航空工业发展动态的学习品质。

学员课堂随感（边界层）

课程名称	空气动力学	授课教员	李　颂
姓　　名	程文旭	授课时间	2021.02.21
课程育人切入点（课程内容）	通过边界层理论的学习不仅可以收获关于空气流动的重要理论知识，更能够学到有价值的思考和解决问题的方法。		
教员的一句良言	边界层理论的创立给我们一个重要启示：既要顾全整体，又要重视局部。		
核心价值观与做人做事的道理	空气动力学理论的建立源于日常观察和科学实验。不要低估观察的意义和实验的价值，基于事实的思考和发现有利于人们在各个领域获得成就感。		
学员的体会、感悟	边界层虽薄，却至关重要。		

飞机的气动布局

飞机的气动布局内容非常丰富，从最初朴素的空中飞行梦想，到真正意义上飞机的诞生，再到未来的梦幻飞机的设计，气动布局的演变体现了人类智慧在自然世界、科学技术、工业生产、军事发展等诸多方面的深刻影响。因此，这部分内容也蕴含了丰富的课程思政元素，诸如追逐梦想、大胆想象，追求卓越、精益求精，追寻理想、科技报国等。同时，教员通过介绍各种不常见的气动布局飞机，激发学员的学习兴趣，传达一种摆脱束缚、考虑一切可能性的学习理念。

一、教学目标

（一）知识目标

说出飞机气动布局的相关概念，识别并分析不同气动布局形式的优缺点，列举各种气动布局的典型飞机。

（二）能力目标

综合运用空气动力学理论知识，评价不同气动布局。

（三）素质目标

通过了解形式各异的飞机气动布局，激发对航空理论知识的学习兴趣；通过权衡各种气动布局的利弊，科学分析和评价飞机的不同气动布局形式，形成辩证看待问题的思维习惯。

本部分内容的逻辑关系如图4.5所示。

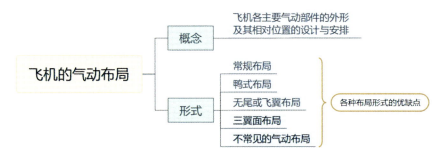

图 4.5　飞机的气动布局内容逻辑关系

二、思政元素

"飞机的气动布局"教学内容中隐含的课程思政元素主要体现在以下几点。

思政点1：突破障碍，追求更高的目标——后掠翼气动布局

阿道夫·布兹曼是德国著名的力学家、德国近代航空流体力学的奠基人，曾在普朗特教授指导下在哥廷根大学从事研究工作。也正是在普朗特教授身边的这段日子，为布兹曼后来在超声速空气动力学领域的权威地位奠定了坚实的基础。真正使布兹曼一鸣惊人的是一次在意大利举办的学术会议。这是一个由罗马的皇家科学院和沃尔塔基金会举办的以"高速航空"为主题的学术会议。接到邀请的一般都是国际航空界的知名人士。在被邀请的德国人当中，就有普朗特教授和布兹曼。当然，这主要还是因为普朗特教授，当时的布兹曼在国际航空领域还没有什么知名度可言，这次会议无疑为他提供了一次难得的机遇。而事实上，他也确实抓住了这个机遇。由于他还不为国际航空界所知晓，这无形中也给他带来了压力。因为选择什么样的课题及对该课题的研究水平才可以满足那些参加会议的大师级人物的要求，布兹曼心里一点底也没有。后来经过联系，他决定和一位瑞士学者合作，研究一个在当时很有挑战性的课题——超声速飞行时的升力。之所以选择这个题目，除了要保证研究成果的先进性，还有另外的考虑。因为在当时的德国，法西斯正在为战争做各种准备，很多与军事有关的科研项目都被列入了机密，与该机密有关的人员均被禁止出国。而超声速飞行在当时还被看成是不可想象的事情，自然也就没有军事价值了，所以可以很容易避开当局的纠缠。课题选定之后，布兹曼仍然担心自己的研究结果不能满足那些大师们的需要，因为自己毕竟太年轻了。所以他夜以继日地工作、研究，正是在这样的背景之下，他提出了后掠翼的设想。

直机翼飞机在接近声速时，由于流经上翼面的气流速度比飞机飞行的速度要快，因此已经超过了声速，这时气流本身的流动特性会发生显著变化，对飞机产生阻力，也就是波阻。波阻阻止了飞机进一步提高飞行速度，这是一个难以逾越的障碍，而后掠翼则巧妙地把本来垂直于飞机飞行方向的气流进行了分解。由于机翼是倾斜的，这样作用于机翼垂直方向的气流速度肯定要比直机翼飞机的来流速度小，从而可以推迟波阻的产生，为进一步提高飞机的飞行速度创造条件。这一结果使他兴奋不已，为了证实这个结论的正确性，布兹曼又进行了大量的实验，结果令人满意。

沃尔塔会议如期举行了，当布兹曼宣读了自己的研究论文后，全场哗然，与会专家和权威们无一不被他的论文所折服，布兹曼从此跻身于世界著名空气动力学家的行列。后来，世界著名空气动力学家、美国航空事业的创始人之一的冯·卡门在一篇文章中写到这次会议时说："在这次会议上，最精彩的论文出自一位年轻的德国人之手，他就是布兹曼博士。"由于当时还没有合适的发动机，因此这项研究在其他国家并没有继续开展下去，仅德国开展了这项研究工作。因为德国人认识到了这项研究的军事用途，军方将这项课题也列入了其秘密研究计划当中。从此，布兹曼在航空界的公开场合消失了，德国军方专门为他提供了一个既便于保密，环境又非常舒适的地方——不伦瑞克森林。整个二战期间，盟军一直也没注意到这个机构的存在，因此布兹曼才可以潜心进行研究，得出了大量关于后掠翼研究的风洞数据。实验证明，后掠翼不仅可以推迟波阻的到来，还可以提高飞机在高速飞行时的稳定性。德国的梅塞施米特公司立即将这项成果应用到战斗机上面，Me-262就是这项技术具体应用的第一个成果，代表了战斗机发展的新方向，也揭开了空战史上新的一页。这种飞机刚一出现，就立即引起了盟军的极大关注，因为它的飞行速度在当时来看，简直就是不可思议的事情。只是由于飞行员对该机性能还不熟悉，Me-262在战场上才未产生重大影响。

二战结束以后，美国人首先来到了不伦瑞克研究所，其中就有冯·卡门博士，在看到这个研究所的研究成果后，他感到非常震惊，并且意识到布兹曼这个科学家的重大价值。后来，布兹曼来到美国当时的兰利研究中心工作。美国人对他很感兴趣，当时的苏联人也同样感兴趣，他们也在德国搜集了大量的研究数据。结果，在朝鲜战场上，出现了两种不同国家生产的后掠翼飞机——F-86与Mig-15之间的战斗。

今天，当我们乘坐着舒适的喷气式客机以高亚声速旅行时，是否想过是谁给飞机插上了后掠翼呢？虽然，先进的飞机气动布局形式会被引入军事领域，但是科学家在突破声障，挑战更快更高的初衷是美好的。

正是他们孜孜不倦的追求、科学严谨的工作作风给我们留下了取之不尽的宝贵财富。

思政点2：人类的创意是最宝贵的，摆脱束缚，考虑一切可能性——不常见的气动布局方式

1.前掠翼飞机

前掠翼飞机是机翼前、后缘向前伸展（前掠）的飞机。前掠翼和后掠翼一样，都可以推迟激波的产生和波阻的出现，其原理与后掠翼相同。1944年德国制造了世界上第一架前掠翼喷气式轰炸机——容克-287（图4.6），机翼前掠角为15°。但前掠翼产生弯曲变形时会使外翼迎角增大，从而使外翼升力增大，造成机翼弯曲变形加剧，在一定（临界）速度下，这种现象会导致结构发散，直到使机翼折断。为了提高临界速度，需要增加结构重量。另外，在配平、襟翼和副翼安装等方面都存在问题。所以，前掠翼虽和后掠翼同时提出，却很少被采用。20世纪70年代以后，出现了利用复合材料结构的弯扭变形耦合效应（即通过布置不同纤维方向铺层）克服上述现象，同时由于变弯度技术、放宽静稳定技术和电传操纵系统等发展，前掠翼飞机又重新受到航空界重视。

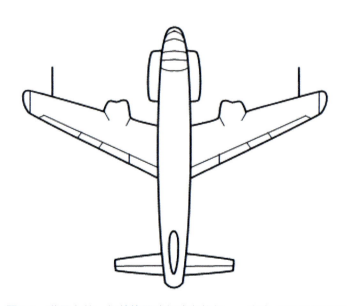

图 4.6　世界上第一架前掠翼喷气式轰炸机——容克 -287 飞机示意

2.串列翼飞机

串列翼飞机有两对机翼,前后串列布置。超轻型Quickie飞机和Proteus("海神")飞机就是串列翼飞机。这两架飞机均是由美国传奇航空设计师伯特·鲁坦设计的。串列翼飞机的优点是配平能力强,允许的重心范围较大,易于载运大尺寸的货物。但是缺点也很明显,前后机翼会有干扰,后面的机翼处于前面机翼的下洗气流中飞行。

3.不对称飞机

在大家的印象里,无论战斗机、轰炸机,还是民航客机,只要是固定翼布局,飞机基本都是对称设计。乐于向传统挑战的鬼才飞机设计师们使不对称布局的飞机成为现实。1933年,由布鲁姆·福斯飞机公司总设计师德国人理查德·沃格特设计的Bv141侦察机是不对称飞机的鼻祖(图4.7)。Bv141安装了1台865马力的BMW132N气冷式发动机,配有3个座位(主机身旁边的短舱是驾驶舱)。无独有偶,前面提到的美国传奇航空设计师伯特·鲁坦也设计了一款不对称飞机——"回旋镖"(Boomerang)。这是一款有5个座位的双发轻型通用飞机。独特的外形使第一眼看到它的人总是会问:"这玩意儿能飞起来吗?"实际上,"回旋镖"不但能飞,而且飞得很好,其经济性和安全性远高于传统构型的同类飞机。这种不对称飞机的最大好处是驾驶员拥有优越的无遮挡视野。

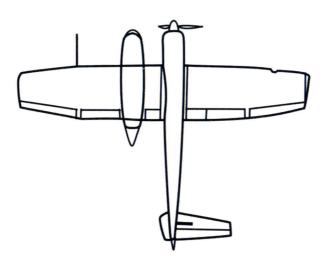

图 4.7 不对称飞机的鼻祖——Bv141 侦察机示意

类似的不常见的气动布局形式还有很多，如飞翼布局飞机、翼身融合体飞机、多机身布局、斜翼布局、盒式翼布局等。

这些特殊的气动布局能够大大开阔学员的视野，有助于培养学员丰富的想象力。更多不常见的气动布局形式有待于人们去创造。

思政点3：辩证看待问题——鸭式布局

鸭式布局是指水平前翼在机翼之前的一种气动布局形式，通常把水平前翼称为鸭翼。早在1903年莱特兄弟发明的第一架飞机就是将操纵面放在机翼之前，也就是现在所说的鸭式布局。但那时候人们对空气动力学还缺乏基本的研究，也不了解飞机稳定性的要求，因此飞行遇到了很多困难。随着人们对飞机稳定性和操纵性了解的逐渐深入，后来的飞机大都采用常规布局。因为鸭翼容易失速，将它作为纵向平衡和操纵的主要操纵面是不利的，所以鸭式布局没有得到广泛应用。

随着飞机进入超声速飞行，机翼采用大后掠角引起飞机气动中心后移，同时由于发动机功率增大引起发动机重量增加，而大多数军用飞机发动机都安装在机身后部，这些因素使得飞机的重心越来越靠后，平尾力臂不断减小，这就需要增大平尾面积，从而导致重心后移和增加平尾面积的恶性循环。而鸭式布局飞机的鸭翼在后掠机翼的前面，可以得到较长的力臂，因而有较好的操纵性。所以，鸭式布局又引起人们的重视，特别是对于军用飞机。例如，美国在20世纪60年代研制的可以在高度21500米、以3马赫飞行的试验轰炸机XB-70就采用了鸭式布局。

与常规布局的飞机相比，鸭式布局的飞机受力更为合理。对于静稳定的飞机，重心在气动中心之前，平尾的配平升力方向向下，对全机来说起着降低升力的作用；而鸭式布局的飞机则相反，鸭翼的配平升力向上，提高了全机的升力。另外，鸭式布局利用鸭翼和机翼前缘分离漩涡的有利相互干扰作用，使漩涡系更加稳定，推迟漩涡的分裂，这样就提高了大迎角时的升力。为了充分利用漩涡的作用，鸭式布局一般采用大后掠角、小展弦比的鸭翼和机翼。因为这种升力面的特点是在较小的迎角时就产生前缘涡系，而且它的漩涡强度大，比较稳定。而中等或小后掠角、中等展弦比机翼在迎角增大时气流分离但并不形成不稳定漩涡。鸭式布局的鸭翼能与机翼产生有利干扰，推迟机翼的气流分离，大幅度提高飞机大迎角的升力并减小阻力,对提高飞机的机动性有很大好处。

除了上述优点,鸭式布局还有下列一系列优点:①现代战斗机一般都采用主动控制技术,亚声速采用放宽静稳定性技术,可以减小鸭翼载荷,减小配平阻力,提高配平能力。②对重心安排有利。现代战斗机的推重比高,发动机重量大,重心靠后;另外出于超声速性能的需要,一般都采用大后掠角、小展弦比的机翼。由于这两个因素的影响,常规布局飞机的平尾尾臂减小,为保证稳定性和操纵的要求,需要增大平尾面积,对重量和重心安排都不利。而鸭式布局飞机则鸭翼在机翼之前,就不存在这样的问题。③鸭式布局飞机一般都采用大后掠角三角形机翼,其纵向面积分布较好;另外由于没有平尾及其支撑机构,机身后部外形光滑且流线型好。这些因素促使鸭式布局飞机的超声速阻力较小。④更容易实现直接力控制,这对提高战斗机的对空和对地作战能力有很大好处。比如,鸭翼差动配以方向舵操纵可以实现直接侧力控制;鸭翼加后缘襟翼控制可实现直接升力控制和阻力调节。⑤鸭式布局飞机的低空乘坐品质较好,因为鸭式布局飞机一般采用大后掠角、小展弦比机翼,它的升力线斜率较低,鸭翼位置靠近飞行员,有利于阵风减缓系统的应用。⑥现代战斗机一般采用推力矢量控制,这对弥补大迎角操纵能力的不足、提高机动性和实现短距起降都很有好处。由于鸭翼离发动机喷口很远,鸭式布局飞机的重心离喷口距离也较远,不但推力矢量的操纵效率较高,比较容易实现配平,而且鸭翼配平力的方向与推力矢量的方向一致,因此鸭式布局飞机更适合于推力矢量控制的应用。⑦鸭式布局飞机的俯仰操纵除了依靠鸭翼,还可用后缘襟翼做辅助操纵,因此鸭翼的面积可以较小,再加上鸭式布局飞机一般采用大后掠角、小展弦比机翼,这些对减小重量都有好处。在相同重量的情况下,与常规布局飞机相比,鸭式布局飞机的翼载较小(常规布局飞机的机翼要承担全机重量的102%,而鸭式布局飞机的机翼只承担飞机重量的80%,其余由鸭翼承担),不但可以改善鸭式布局飞机因不能充分使用后缘襟翼而使着陆性能变差的缺点,而且对提高飞机的机动性也很有好处。

每一种气动布局形式都有自己的优点,也有自己的缺点和存在问题,鸭式布局飞机也不例外。其缺点和问题主要有:①鸭翼处在机翼的上洗气流中，在大迎角或鸭翼大偏度时有失速问题，影响操纵和配平的能力。为此鸭翼一般采用大后掠角、小展弦比的平面形状，虽然这样可以缓和失速，但同时带来鸭翼操纵效率降低的问题。②鸭式布局飞机的起飞着陆性能受鸭翼配平能力的限制，不能使用后缘襟翼，或者只能使用很小的偏度。为解决这一问题，有时要在鸭翼上采用前、后缘襟翼，甚至采用吹气襟翼，使结构复杂化，重量增加。③常规布局飞机使用差动平尾加副翼操纵可以得到很高的操纵效率，而鸭式布局飞机一般采用大后掠角、小展弦比的鸭翼，差动时的横向操纵效率不高，且机翼后缘的襟副翼往往还要当成俯仰操纵面使用，着陆时还可能要做增升襟翼。这些都限制了后缘襟副翼的横向操纵能力。因此，鸭式布局飞机的横向操纵能力比常规布局飞机的要差。

教员通过上述对鸭式布局飞机优缺点的分析，使学员充分认识到飞机气动布局的优势与不足，看到事物的两面性，学会辩证看问题的思维方式。

课程思政点与教学内容对照见表4.3。

表 4.3　课程思政点与教学内容对照

序　号	教学内容	思政点
1	后掠翼气动布局	突破障碍，追求更高的目标
2	不常见的气动布局方式	人类的创意是最宝贵的，摆脱束缚，考虑一切可能性
3	鸭式布局	辩证看待问题

三、课程思政教学设计内容

（一）本次设计的课程思政目标

从专业角度认识飞机的气动布局形式，用科学的思维方式理解和评价飞机不同气动布局形式，养成客观、理性、辩证看待问题的思维习惯；结合我国飞机的气动布局的变化及特点，了解我国航空工业的发展历程，提升民族自信心。

（二）课程思政教学设计

飞机气动布局就是飞机空气动力的总体设计，通常指飞机各主要气动部件的外形及其相对位置的设计。飞机气动布局设计不仅包含飞机气动外形的设计，还包括各种气动参数的选择，以及与气动特性有关的综合设计，是飞机设计中一项重要的组成部分。根据各辅助翼面和机翼的相对位置以及辅助面的多少，飞机气动布局的形式主要有常规布局、鸭式布局、无尾或飞翼布局、三翼面布局等。

1.课前：课程思政引入

① 更快的飞行速度始终是人类追逐的目标。教员通过介绍早期平直翼飞机突破声速时遇到的声障问题，引发学员思考：如何避免过早出现波阻，进一步提高飞行速度？

② 布置课前任务，收集各式各样飞机的图片，并按照一定的原则进行分类。

【思政贯穿】

"声障"一词最早出现于20世纪40年代初期。在第二次世界大战中，战斗机的设计已经相当成熟，虽然还沿用直机翼，但暴露在外部的零部件已经很少，飞机外形十分"干净"。当时单台发动机的动力已超过一千马力，飞机的平飞速度已达声速的一半；俯冲时，可以超过声速的0.7倍。当时俯冲增速到较高速度时，飞机有自发低头现象，尾翼会强烈抖振，整个飞机有结构损坏的危险。同时，飞机受到的气动阻力随马赫数的微小上升而急剧增大。因此，人们认为声速是飞行速度进一步提高的不可逾越的障碍。随着飞机外形设计的不断改进，也出现了推力更大的喷气式发动机，"声障"就成了一个历史名词。

2.课中：课程思政贯穿授课过程

① 对比空气分别流过平直翼和后掠翼时的流谱：通过对比，发现空气流过后掠翼时流谱特点。

② 人物素材：阿道夫·布兹曼、理查德·沃格特、伯特·鲁坦等鬼才设计师。

③ 图片素材：Me-262、F-86、Mig-15、容克-287、Quickie、Proteus、

Bv141、回旋镖等一系列飞机图片。

【思政贯穿】

播放空气分别流过平直翼和后掠翼时的流动情形，启发学员对比分析二者的差异。再通过介绍阿道夫·布兹曼提出的后掠翼的思想，分析后掠翼飞机突破声障的原理。显示一系列的鸭式布局、不常见的气动布局形式，带领学员应用空气动力学知识一起分析各种气动布局的优缺点。

3.课后：课程思政总结反思

本次课程思政设计的成功之处在于与教学内容联系紧密，始终将二分法的辩证思想和气动布局的特点分析结合在一起，达到了思维训练的目的，为学员今后运用辩证思维看待和解决生活、学习、工作中的各种问题提供了方法论。课后以小组为单位，完成一款飞机的气动布局设计，并分析其优缺点，完成拓展学习。同时，要求学员进一步查阅相关资料，了解飞机设计领域的新理念、新技术、新应用，培养学员主动关注航空事业发展动态的学习品质。

学员课堂随感（飞机的气动布局）

课程名称	空气动力学	授课教员	李 颂
姓 名	张 弛	授课时间	2021.04.17
课程育人切入点（课程内容）	飞机设计是一项综合性很强的工作，作为使用者，需要理解设计者的意图，尽量多方面了解是非常有益的。		
教员的一句良言	做事情时需要仔细考虑所有的可能性，摆脱束缚，不能仅局限于现有的或流行的方案。		
核心价值观与做人做事的道理	从专业的角度认识飞机的气动布局，同时要认识到：飞机布局并无固定的规矩，只要能完成预期的任务，都能够作为有效的选项。		
学员的体会、感悟	学习飞机的气动布局，让我更加了解飞机设计师、了解飞机和飞行了。		

螺旋桨的空气动力特性

世界各国的初级教练机都采用的是螺旋桨飞机。学习螺旋桨的空气动力特性对于掌握螺旋桨飞机的升阻力特性、发挥飞机的飞行性能至关重要。由于螺旋桨拉力和阻力产生的原理与机翼升力和阻力产生的原理相同，都是缘于机翼上下表面（螺旋桨前后桨叶）之间的压力差，因此在学习这部分内容时可以采用类比的方法。同时，由于飞机在空中飞行时，螺旋桨一边随飞机前行，一边高速旋转，而且桨轴方向可以改变，因此螺旋桨除了产生使飞机前行的拉力，还会由于旋转而对飞行带来其他的影响，这些影响统称为螺旋桨的副作用。

一、教学目标

（一）知识目标

说出螺旋桨的组成、桨叶角等相关概念，阐述螺旋桨拉力和旋转阻力的产生原因及随飞行速度、高度和油门的变化规律；说明螺旋桨副作用的产生原因、对飞行的影响及修正办法。

（二）能力目标

能够类比机翼升力和阻力的产生原因及变化规律，分析螺旋桨拉力和旋转阻力的产生原因及变化规律；能够根据螺旋桨副作用的产生原因分析其对飞行的影响，并找到修正办法。

（三）素质目标

认识到事物的普遍性和特殊性，学会辩证看待螺旋桨空气动力，既认识到拉力和旋转阻力对飞行的有利影响，又要认识到其对飞行的副作用。

本部分内容的逻辑关系如图4.8所示。

二、思政元素

"螺旋桨的空气动力特性"教学内容中隐含的课程思政元素主要体现在以下几点。

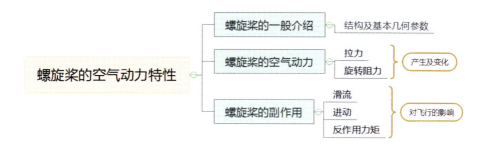

图 4.8 螺旋桨的空气动力特性内容逻辑关系

思政点1：敬业奉献精神与民族自豪感——我国飞机设计领域的一代宗师

徐舜寿是我国著名的飞机设计师，1933年考入清华大学机械工程系航空工程组，1944年赴美国麦克唐纳飞机公司实习并参与FD-1、FD-2飞机的设计工作，1946年8月回国，1956年8月任中国首个飞机设计室主任设计师，1961年8月任沈阳飞机设计研究所第一任技术副所长。他主持、组织或亲自设计的飞机有歼教-1、初教-6、强-5、歼-6、轰-6、运-7。

1956年7月19日，全部采用我国自制零件的第一架飞机歼-5首飞成功，使我国成为当时世界上为数不多能够成批量生产喷气战斗机的国家之一。此后不到一个月，我国首个飞机设计室正式成立，其创建者就是徐舜寿。设计室成立不到两年，便研制成功了我国首架喷气式教练机——歼教-1，开创了新中国自行设计飞机的先河。徐舜寿是我国飞机设计领域的一代宗师，是新中国飞机设计事业的奠基人，曾领导或参与了新中国几乎所有飞机设计及仿制工作。他撰写了《飞机性能捷算法》，编译了《英汉航空工程名词字典》，翻译出版了《飞机构造学》《飞机强度学》，"文革"期间抱病编译《飞机寿命》，首次系统地介绍飞机结构的疲劳问题以及"安全寿命"设计原则，还亲自组织编制了《基本功大纲》和《设计员手册》，是当时国内唯一的飞机设计依据。他慧眼识才、知人善用，为国家培养了一大批栋梁之材，如顾诵芬、屠基达、陈一坚、管德、陆孝彭、程不时、陈嵩禄、郭松林、黄德森、高忠社、钟定逵、陈绍猷、吴克明、龚国政、付大卫等。

老一辈航空人在我国航空技术十分落后、航空物资十分匮乏的条件下，

用生命和青春为中国航空工业的腾飞蓄力，用自己的智慧和汗水走出了一条忠诚奉献、逐梦蓝天的英雄之路。

学习螺旋桨的空气动力特性就从了解初教-6飞机开始。保存在中国试飞院的红专502飞机，也就是现在的初教-6飞机。其名字就带有浓厚的时代色彩。又红又专的年代，一位又红又专的"不老明星"。初教-6飞机从设计第一张图纸到原型机上天，只用了72天，是新中国第一个自行设计并投入生产的机种，连续生产30余年，至今已服役60多年，以其出色的飞行性能博得国内外飞行爱好者的青睐。

思政点2：事物的普遍性与特殊性——螺旋桨空气动力的产生及变化

对于专业课程的学习，培养哲学思维是课程思政很重要的一个方面。例如，学习机翼升力的产生时，应用连续性定理和伯努利定理，从机翼上下表面压力差的角度入手，解释了机翼升力和阻力的产生原理。在学习螺旋桨空气动力特性时，可以与机翼进行类比分析。首先，桨叶的平面形状和剖面形状都与机翼的类似，由此类比"翼弦"定义了"桨弦"，类比"翼型的迎角"定义了"桨叶迎角"，机翼的上下表面就分别对应于桨叶的前后桨面。当空气以一定的迎角流过桨叶的情形就相当于空气以一定的迎角流过机翼的情形。在此基础上，教员可以引导学员自主分析螺旋桨总空气动力的产生原理。通过这种类比学习的方法，找到机翼和桨叶这两种同类事物所包含的共同本质（平面形状、剖面形状、表面压力差），以帮助学员在已有知识的基础上顺利建构新知识，实现知识迁移。

事物不仅具有普遍性，也具有特殊性。对于分析螺旋桨空气动力这件事情，其特殊性就在分解螺旋桨的总空气动力，与分解机翼的总空气动力的原则不同。分解机翼总空气动力是按照平行于飞行速度方向和垂直于飞行速度方向进行的，而分解螺旋桨的总空气动力是按照平行于桨轴和垂直于桨轴的原则进行的。把握了这个特殊性，就不会将螺旋桨拉力的方向弄错了，还有助于进一步分析螺旋桨拉力随迎角和飞行速度的变化情况。

思政点3：事物都具有两面性——螺旋桨的滑流等副作用

螺旋桨在给飞机提供前进动力的同时，也会给飞行带来一些副作用，如出现滑流、进动和反作用力矩。这就是事物具有两面性的具体体现。

　　螺旋桨的滑流是指被螺旋桨拨动而向后扭转并加速的气流（图4.9）。这股气流流经飞机表面时，被机身和机翼等分为上、下两层。上层滑流在向后流动的过程中，受到机身和垂尾的阻挡，在飞机对称面左右两侧会产生压力差，从而形成侧向力，进而对飞机的重心形成偏转力矩。在偏转力矩的作用下，机头发生偏转。只要螺旋桨在空中正常运转，滑流所形成的偏转力矩就一直存在，这就是滑流给飞行带来的主要影响。这种影响不利于保持机头指向，也不利于保持飞行轨迹。但是，由于滑流经过螺旋桨后，流动速度增加，使得其他条件相同时，飞机上实际产生的升力会增大，这又是滑流对飞行产生的有利影响。

图 4.9　螺旋桨副作用——滑流

　　另外，滑流所带来的偏转效果在不需要机头偏转时是不利的影响，但是在需要机头偏转时就成了有利的影响。例如，对于左旋螺旋桨飞机（从飞行员在座舱里的视角看，螺旋桨逆时针旋转）来说，滑流引起机头右偏，这对于进入左尾旋是不利的，对于改出左尾旋就是有利的。反之，机头右偏对于进入右尾旋有利，而对于改出右尾旋就是不利的。上述以滑流为例，说明事物具有两面性。相对于不同的飞行目的，有利的一面和不利的一面不是绝对的，是可以相互转化的。认识到事物的两面性，对于全面辩证地看待滑流以及其他的副作用，都是非常有益的。

课程思政点与教学内容对照见表4.4。

表 4.4 课程思政点与教学内容对照

序 号	教学内容	思政点
1	我国飞机设计领域的一代宗师	敬业奉献精神与民族自豪感
2	螺旋桨空气动力 的产生及变化	事物的普遍性和特殊性
3	螺旋桨的滑流等副作用	事物都具有两面性

三、课程思政教学设计内容

(一)本次设计的课程思政目标

从初教-6飞机的前世今生,了解老一辈航空工业者的敬业奉献精神,感受中国航空工业的迅猛发展,树立民族自豪感;从事物的普遍性、特殊性和两面性的角度,理解螺旋桨空气动力特性,形成辩证的唯物主义思维。

(二)课程思政教学设计

1.课前:课程思政引入

① 系列视频:1949年开国大典时空中编队的视频以及2021年中国共产党成立100周年阅兵时空中编队飞过天安门广场时的视频。

② 布置任务:查阅资料了解初教-6飞机的研制过程及初教-6飞机的气动布局特点和空气动力特性。

【思政贯穿】

课前,教员推送1949年开国大典时空中编队的视频以及2021年中国共产党成立100周年阅兵时空中编队飞过天安门广场时的视频。新中国开国大典前,工作人员向周总理汇报说能参加阅兵式的飞机实在太少了,周总理说:"一遍不够,那就飞两遍吧……"2021年7月1日,天安门的上空,歼-10、歼-20等战机进行飞行庆祝表演,空军编队向世界展示了中国航空工业的先进水平。通过鲜明对比,学员了解到我国航空工业从维修飞机起步,到仿制、自主研发飞机的发展历程,认识到新中国航空工业从无到有、从小到大、从弱到强的过程，树立保卫祖国领空的坚定决心。

2.课中：课程思政贯穿授课过程

① 人物素材：徐舜寿、屠基达、林家骅等飞机设计师生平及其对新中国航空工业的重要贡献。

② 图片素材：存放在中国试飞院的红专502飞机和初教-6飞机图片。

【思政贯穿】

教员介绍螺旋桨的空气动力特性这部分内容时，主要以我国自行研制的初级教练机——初教-6飞机为例进行分析。初教-6飞机是一款经典的飞机，被誉为"不老的明星"，深受中外飞行爱好者青睐。它是新中国第一代航空大师集体智慧的结晶。关于初教-6飞机的前世今生能够很好地融合空气动力学的理论知识和我国航空工业的发展历程，也自然而然地蕴含了很多的课程思政元素，如初教-6飞机的主要设计者徐舜寿、屠基达、林家骅等。学员通过了解初教-6飞机的研制背景、主要设计者以及初教-6飞机在我国航空工业和军事飞行领域的地位作用，建立对初教-6飞机的深厚感情，为学习螺旋桨的空气动力特性奠定情感基础。从这些著名的飞机设计专家、科学家身上所体现的爱国情怀、敬业精神、科学精神、人格魅力都值得后人景仰和学习，鼓励学员多了解科学家的故事，树立正确的价值取向。

此外，在专业课程学习中培养哲学思维，也是课程思政的重要方面和落脚点。教员介绍螺旋桨空气动力特性时，从普遍性和特殊性原理出发，类比机翼与桨叶、机翼的空气动力特性与螺旋桨的空气动力特性；从事物都具有两面性原理出发，分析滑流等螺旋桨副作用的产生原理及对飞行的影响。教员运用马克思主义哲学的基本观点，培养学员自主分析问题的能力，提升学员的科学思维。

3.课后：课程思政总结反思

本次课的思政设计融入了我国航空工业的发展历程和代表性人物，使学员认识到我国航空工业在一代代航空人的辛勤努力下，从白手起家到越来越强大的奋斗历程，激发了学员的爱国情怀。课后，布置小组作业：①结合课上所学的理论知识，分析螺旋桨产生负拉力的条件。②列举螺旋桨空气动力特性方面的最新研究成果。学员通过以上两项作业，达到学以致用、拓展延伸的目的，并形成自觉关注航空工业发展动态的学习品质。

学员课堂随感（螺旋桨的空气动力特性）

课程名称	空气动力学	授课教员	李　颂
姓　　名	李　果	授课时间	2021.04.01
课程育人切入点（课程内容）	对于安装活塞式发动机的飞机而言，螺旋桨既是动力之源，又是分析飞行现象时不可忽视的一个因素，要辩证、客观、全面地认识事物。		
教员的一句良言	善用类比，事半功倍。		
核心价值观与做人做事的道理	中国的航空工业从无到有、从弱到强，离不开一代代航空人矢志不渝的无私奉献。把自己的人生目标与国家、民族命运联系在一起，就会有持续奋斗的动力和勇气，才会被国家和社会选择，实现更高的人生价值。		
学员的体会、感悟	我从小就玩过竹蜻蜓，但是始终不理解竹蜻蜓升空的道理。通过今天的学习，能够用理论来分析这种飞行现象了，感觉不仅收获了知识，更收获了学习方法。		

增升装置

增升装置对掌握飞机气动布局特点和升阻力特性、完成飞机飞行性能相关计算、操纵飞机完成各种飞行任务具有重要作用，还可以深入了解空气动力学理论和实践的发展历程，了解中外著名的科学家在增升减阻方面取得的主要成就和对提高飞机综合性能的重要贡献。以增升装置的类型、原理及对飞机空气动力特性的影响为主线，引出一系列的科学家、科学故事和工程技术方法，从中发掘出追求梦想、勇于实践、精益求精等宝贵的精神财富，让学员感受航空工业者的严谨求实的工作作风和创新精神。

一、教学目标

（一）知识目标

解释常见增升装置的增升原理，阐明增升装置对飞机空气动力特性的影响。

（二）能力目标

通过归纳增加升力的主要途径，掌握运用基本增升原理解释具体增升装置的工作原理，并分析其对飞机空气动力特性的影响，形成举一反三的解释实际飞行现象的能力。

（三）素质目标

经历从现象到本质，再到规律总结的分析过程，提升科学思维素养。

本部分内容的逻辑关系如图4.10所示。

二、思政元素

"增升装置"教学内容中隐含的课程思政元素主要体现在以下几点。

思政点1：科学家的智慧和首创精神——襟翼的增升原理

襟翼是一种有效的增加升力的技术途径，其增升效果十分明显，得到了广泛应用。当然，升力对飞机的重心也会产生纵向力矩，但由于其作用点离重心较近，其值较小。在现代先进飞机中，襟翼常作为纵向直接力操纵机构，其产生的纵向力矩将由偏转升降舵予以平衡。

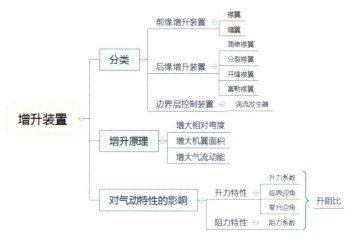

图 4.10　增升装置内容逻辑关系

　　英国空气动力学家、经典空气动力学之父乔治·凯利最早提出襟翼的概念。第一次世界大战前，由于飞机速度提高，要求飞机在低速时也能产生足够的升力。1913—1914年，英国国家物理实验室对后缘简单襟翼进行了实验探索，在S.E.-4双翼机上率先开始使用简单襟翼（图4.11）。实验结果表明，当简单襟翼偏转一定角度时，可将升力系数提高30%左右。该实验室还用类似副翼的差动偏转方式考察其侧向操纵效果，这种襟翼就相当于后来的襟副翼。

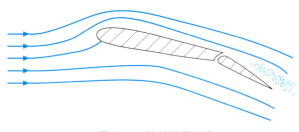

图 4.11　简单襟翼示意

　　简单襟翼的增升原理是当放下襟翼时，翼型的相对弯度增大，相同迎角下，翼型的升力系数增大，所以机翼产生的升力增大。简单襟翼在飞机发展早期获得了一定的应用。但简单襟翼有两个缺点：一是襟翼偏转的同

150

时也使阻力增大，其增大的比例通常比升力增加的比例还大，有些得不偿失。二是由于相对弯度增大以后，在通常的正迎角下，空气流经机翼上表面流管变细的地方，流速增加得更快，压力下降得更多，导致最低压力点前后的逆压梯度变得更大，更容易发生边界层气流分离，所以临界迎角会大大减小，气流分离后的阻力也会增大。另外，在飞行速度较大时，空气动压的作用使得局部发生变形，影响气动外形和气动性能。

针对简单襟翼存在的缺点，很快出现了分裂式襟翼（图4.12）。分裂式襟翼也安装在机翼下面，像一块薄板紧贴在后缘上，与机翼成为一体。当襟翼放下时，一方面可增加翼型的相对弯度，另一方面开裂的襟翼和机翼后缘之间会形成低压区。两方面的效果都会使升力增加，而且在一定程度上可以延迟气流分离。通常，分裂式襟翼可使升力系数提高75%～85%。同时，这种襟翼的支点位于翼下，强度可以保证。但是分裂式襟翼同样会引起阻力增大和失速迎角减小。

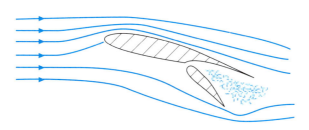

图 4.12　分裂式襟翼示意

在襟翼发展史上，有重大革新意义的是开缝襟翼，其原理早在1910年就由俄国学者查普雷金（S. A. Chapligin）提出过。而它的实验和实用化发展则应归功于英国著名飞机设计师佩奇（H. Page）和德国空气动力学家拉赫曼（G. V. Lachmann）。1911年前后，佩奇利用风洞试验了展弦比不同的机翼对迎角的失速反应。他发现，正方形机翼直到40°迎角时升力仍在增加，而展弦比为6.25的机翼在10°～15°迎角时就出现失速。于是，他将机翼沿弦向（与机身平行）开了5条缝，希望以此推迟失速。实验结果表明，开缝后，机翼的升力和失速迎角只是稍有增加，并没有达到预期的那种大大推迟失速的效果。虽然这次试验并未取得预想中的结果，但是通过对弦向开缝的改进，佩奇发明了前缘开缝襟翼（图4.13）。他在机翼前缘处沿展向（与机

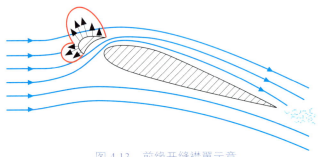

图 4.13　前缘开缝襟翼示意

翼前缘平行）开了一条斜的狭缝。实验表明：这一措施使升力系数增加了25%。接着，他在普通机翼的前面附加了一条很窄的小翼面，它可以依附于机翼上，也可沿一根轴向上偏转成一条缝隙。这种开缝襟翼的实验结果表明：升力系数可增加50%，升阻比也大为提高。佩奇于1917年3月首次向外界公布了这个结果。开缝襟翼由于改善了机翼上表面的流动特性，增加了总环量，从而大大提高了总升力。同时，由于狭缝的吹气作用，可以推迟气流分离，提高失速迎角，而引起的阻力并不大，因此开缝襟翼得到了广泛应用。

　　德国的拉赫曼于1921年也独立地提出了前缘开缝襟翼的概念。他的开缝襟翼设计于1918年获得专利，1921年在哥廷根进行了试验，升力系数可提高60%。前缘开缝襟翼的主要作用是提高临界迎角，提高飞机的稳定性和安全性，提高升力其实是次要的。它很难用来减小起飞和着陆时的速度，因为前缘开缝襟翼在很小的迎角下增升效果并不明显。为了提高升力，降低着陆速度，装有前缘开缝襟翼的飞机必须在很大的仰角下着陆，这使得飞行员的视界变差。因此，前缘开缝襟翼后来开始让位于后缘开缝襟翼（图4.14）。

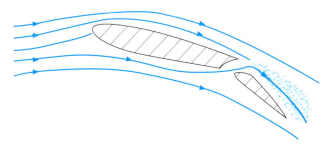

图 4.14　后缘开缝襟翼示意

前面提到的简单襟翼、分裂襟翼和开缝襟翼都是利用增加机翼相对弯度或利用缝隙吹风延迟边界层分离来增加升力的，另有两种襟翼可以增加机翼的有效面积，进一步提高襟翼的增升效果。这就是由英国的富勒（J. E. Fowler）于1931年提出的富勒襟翼（图4.15）和德国的克鲁格（W. Krueger）于1943年提出的克鲁格襟翼（图4.16）。

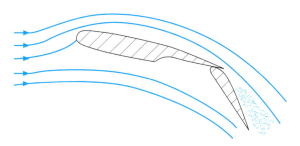

图 4.15 富勒襟翼示意

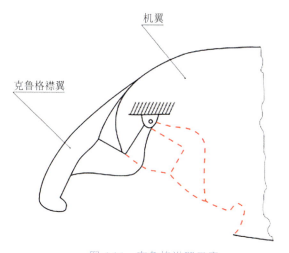

图 4.16 克鲁格襟翼示意

富勒襟翼又称为后退式分裂襟翼，是在机翼后缘下半部分安装活动翼面，平时紧贴在机翼下表面上。使用时，襟翼沿下翼面安装的滑轨后退，同时下偏。使用富勒襟翼可以增加翼型的相对弯度，同时能大大增加机翼的有效面积，所以增升效果非常明显，升力系数可提高85%～95%。同时，襟翼后退时，也能产生缝隙，可起到后缘开缝襟翼的作用。但是这种襟翼的缺点之一是结构比较复杂，而且滑轨机构会增加阻力。克鲁格襟翼安装

在机翼前缘，其安装形式与富勒襟翼类似。克鲁格襟翼的外形相当于机翼前缘的一部分，上表面有重叠部分。使用时利用液压动力将克鲁格襟翼向前下方伸出，既改变了翼型，也增加了机翼面积，因此增升效果也较好。它的优点是结构简单，但是也有其自身的缺点，它不能像前缘开缝襟翼那样具有推迟气流分离的效果。

各种襟翼都有其优点和缺点，现代飞机根据自身要求，可选择不同类型的襟翼或几种襟翼的组合。教员通过对这部分内容进行梳理，可使学员了解各种襟翼的增升原理和各自的优缺点，感受飞机设计师和空气动力学科学家的智慧和首创精神，也能够更加辩证地看待飞机的增升装置。

思政点2：辩证看待问题，合理利用事物——增升装置对飞机气动特性的影响

增升装置虽是增加升力的装置，但是由于升力和阻力紧密联系在一起，升力增大的同时，阻力也会增大，因此在科学认识并合理利用增升装置方面，可以通过原理的学习获得有益的启示。

既然使用增升装置时，会增加空气阻力，所以一般飞机在空中飞行到一定高度以后，需要把襟翼收起来，以获得干净的气动外形，减小阻力，提高飞行性能，而在起飞和着陆阶段则需要放下襟翼。尽管起飞和着陆阶段都需要放下襟翼，但是襟翼放下的角度是有区别的。由于起飞阶段是使飞机不断增速的过程，阻力的增加不利于增速，因此起飞时襟翼放下的角度较小。而着陆阶段是使飞机不断减速的过程，阻力的增加正好有利于减速，因此着陆时襟翼放下的角度较大。学员通过学习襟翼对飞机升阻力特性的影响，理解为什么在起飞和着陆阶段对襟翼的操纵规定是不一样的，更加有利于在科学认识增升装置的前提下，合理地运用增升装置以实现飞行目的。

课程思政点与教学内容对照见表4.5。

表4.5 课程思政点与教学内容对照

序　号	教学内容	思政点
1	襟翼的增升原理	科学家的智慧和首创精神
2	增升装置对飞机气动特性的影响	辩证看待问题，合理利用事物

三、课程思政教学设计内容

（一）本次设计的课程思政目标

从专业角度认识飞机的增升装置，用科学的思维理解飞机的增升装置与飞机升阻力特性和飞行性能的关系，把理论知识的学习和人类飞行梦想、航空工业发展和创新精神紧密联系起来。

（二）课程思政教学设计

航空技术发展的总体目标是飞得更高、速度更快、航程更远。这3个目标的实现都有赖于增大升力、减小阻力。先来考虑如何增大升力。通常，可通过增大迎角来增大升力系数，进而增大升力。但是，当迎角增大到一定程度后，飞机的升力系数就达到了最大值，同时稳定性和操纵性也会随迎角增大而显著变差，甚至引起失速而危及飞行安全，所以增大迎角要受到一定限制。尤其在起飞和着陆阶段，增大迎角还要考虑擦尾的问题。同时，在升力增加的同时，阻力也会不可避免地增加。因此，增升减阻的目标本身就是矛盾的。

但是，聪明的人类总是能够不断突破思想的桎梏，努力解决一个又一个现实的矛盾和问题，在飞机上安装增加升力的装置（即增升装置）就充分证明了这一点。增升装置的主要作用是提高飞机的可用升力系数，从而降低起飞离地速度和着陆接地速度，缩短起飞和着陆的滑跑距离。常见的增升装置有襟翼、缝翼和边界层控制装置。

1.课前：课程思政引入

① 系列图片：各种类型的增升装置。

② 系列人物：各种类型襟翼的发明者。

【思政贯穿】

教员布置一系列问题：查阅资料，了解增升装置的类型、工作原理和适用机型。

推送关于凯利等人物简介，使学员认识到飞机设计师和空气动力学科学家们在推动航空工业发展过程中所做出的贡献。

2.课中：课程思政贯穿授课过程

① 视频及课堂实验引入：空气流过不同类型襟翼时的实验视频，对比

分析襟翼的增升效果。

② 图片素材：不同飞机所采用的增升装置。

【思政贯穿】

教员首先通过播放空气流过不同类型襟翼时的实验视频，使学员建立对增升装置工作情形的直观印象。接着，通过理论分析和列举数据，比较分析不同类型增升装置的增升效果。最后，引领学员总结增升装置的增升原理及对飞机空气动力特性的影响。由此提出辩证看待各种增升装置的观点。同时在观察、分析过程中强调科学实验和细致观察、理论分析的重要性。

教员通过列举不同机型起飞和着陆阶段襟翼放下角度的差别，引导学员思考规定背后的原理，从而引出合理利用增升装置的观点。

3.课后：课程思政总结反思

本次课的思政设计贯穿全程，围绕增升装置的历史演变展开，渗透了空气动力学理论知识传授，同时强化了辩证的思维训练。布置课后作业：查找关于增升装置的相关资料，并分析其增升原理。这项作业可帮助学员进行自主的拓展学习，并以此达到学以致用、举一反三的教学效果。

学员课堂随感（增升装置）

课程名称	空气动力学	授课教员	李　颂
姓　　名	朱建龙	授课时间	2021.03.25
课程育人切入点（课程内容）	襟翼类型很多，但增升原理不外乎几点：增加机翼弯度、增大机翼面积、延缓气流分离等。总结归纳是提高学习能力的基础。		
教员的一句良言	增升装置很神奇，翼面虽小作用大，巧妙设计好处多。		
核心价值观与做人做事的道理	从专业的角度认识飞机的增升装置，用科学的思维理解增升装置与飞机气动特性的关系，把理论知识的学习和航空工业发展、人类智慧的飞跃紧密联系起来。		
学员的体会、感悟	事物都有两面性，合理利用其优点，回避其缺点，实现趋利避害。		

第五篇

"航空动力装置"
课程思政

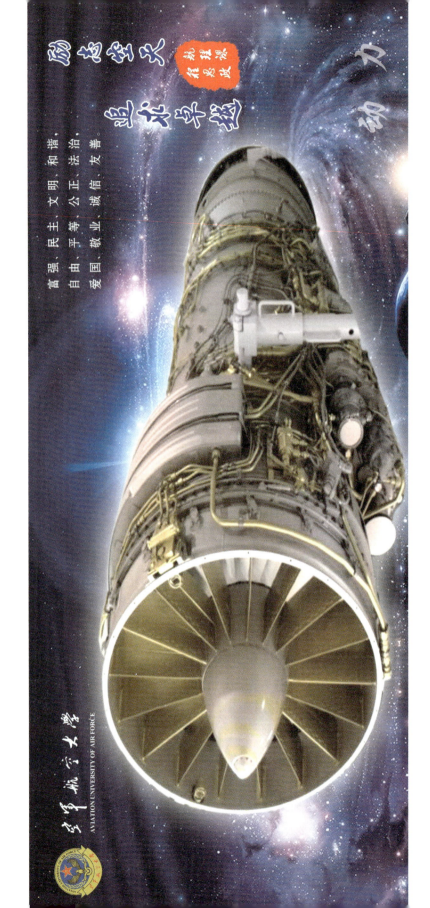

励志空天
追求卓越

初心

航理
程思
形政
成课

富强、民主、文明、和谐、
自由、平等、公正、法治、
爱国、敬业、诚信、友善。

空军航空大学
AVIATION UNIVERSITY OF AIR FORCE

第一部分　课程概述

一、课程性质与定位

"航空动力装置"课程是航空飞行与指挥(飞行技术)专业的必修主干课程,是使学员了解航空动力装置主要部件的组成和功用,理解工作原理、结构和工作系统、工作特性等理论知识,具备分析和解决飞行中有关动力装置实际问题能力的重要航理课程。本课程分为航空燃气涡轮动力装置通用基础和初教-6型飞机机型两部分:通用基础部分以航空燃气涡轮动力装置的基础理论为立足点,注重基础航理与装备应用的有机融合;机型部分以初教-6型飞机动力装置基本概况和使用方法为落脚点,注重培养学员自主分析能力和良好的思维习惯,为学员首飞打牢基础。

二、课程教学目标

学员通过本课程的学习,形成对航空动力装置的整体认知,能够灵活运用原理与结构知识,综合分析和解决实际问题,具备良好的思维习惯以及机型改装训练潜质;具备科学运用航空动力装置的基本素养,严谨细致的工作作风、追求卓越的情感态度和正确的价值观,为成为高素质飞行人才打下基础。

三、课程思政理念

航空发动机科技含量高,本身就是极其复杂的系统。教员通过前沿技术牵引,培养学员的科学精神和创新意识;通过典型故障分析,引发学员思考,提高辨识能力和责任意识;通过工作原理分析,使学员理解装备优长,增强信任装备、敢打必胜的信心。即使飞行员有再高的飞行技术,但

如果没有过硬的思想道德意识作为基础，也较难形成强有力的战斗力。教员在教学过程中应注重思想道德意志品质的培养，使学员争做新时代具有远大理想和坚定信念的爱国者。采用潜在的、不易察觉的隐性传播方式，做到专业内容与思政内容"转场自然"，使学员情感与思想自然升温、"水到渠成"，培养"智育"和"德育"的双优飞行人才。

第二部分　课程思政案例

航空动力装置概述

为航空器提供推力（或拉力）、推动航空器前进的装置叫航空动力装置。航空动力装置包括发动机、推进器（如螺旋桨和旋翼，喷气发动机既是发动机又是推进器）、进气道和排气喷管。发动机是航空器的心脏，有了适用的航空发动机，才实现了真正的有动力、可操纵的载人航空飞行。航空发动机诞生一百多年来，主要经历了两个时期：第一时期从首次动力飞行开始到第二次世界大战结束，为活塞式发动机时代；第二时期从第二次世界大战结束至今，为喷气式发动机时代。在此期间，航空上广泛应用的是燃气涡轮发动机，先后发展了直接产生推力的涡轮喷气发动机和涡轮风扇发动机，输出轴功率的涡轮螺旋桨发动机和涡轮轴发动机，在涡轮风扇发动机和涡轮螺旋桨发动机基础上设计出了桨扇发动机。航空发动机的更新换代，推动了航空器一代一代地向前发展。

一、教学目标

（一）知识目标

了解国内外航空发动机的发展历程和基本类型；理解航空燃气涡轮发

动机的基本组成及工作，了解工作循环，理解喷气发动机的推力，了解喷气发动机的效率与主要性能参数，以及动力装置的选择依据。

（二）能力目标

能够识别发动机类型，明确不同类型发动机的主要区别和应用情况，能够运用相关理论解释推力的产生，对燃气涡轮发动机进行理论上的效率估算。

（三）素质目标

形成对航空动力装置的宏观认知，认同航空动力装置课程在航空理论课程体系中的地位作用，意识到理论学习的重要性；形成勇于探索、不畏艰难的科学精神，建立团结协作、互补互助的思想意识，了解我国航空发动机行业已具备的良好基础和取得的较好成绩，提升民族自豪感。

本部分内容的逻辑关系如图5.1所示。

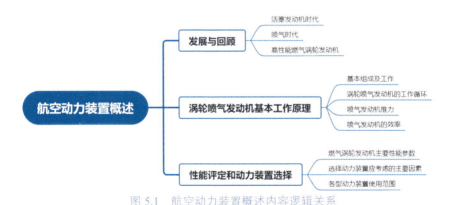

图 5.1　航空动力装置概述内容逻辑关系

二、思政元素

"航空动力装置概述"教学内容中隐含的课程思政元素主要体现在以下几点。

思政点1：勇于探索——航空动力装置的发展历程

1903年，美国莱特兄弟驾驶第一架"飞行者"1号，实现了第一次有动力、稳定、可操纵的持续飞行。这架飞机采用了机械师查尔斯·泰勒制造的一台12马力，重量为77.2 kg的活塞式汽油发动机，开启了人类现代航空的新纪元 ——航空活塞发动机时代。但随着人们对飞行速度和动力需求

的不断提升，这种采用活塞式发动机+螺旋桨组合的飞机，因无法突破声障，发展受到限制。航空工程师转向研制功率更大、重量更轻的新型航空发动机——航空燃气涡轮发动机。作为航空发动机中绝对主流的燃气涡轮发动机，主要包括涡轮喷气发动机、涡轮风扇发动机、涡轮螺旋桨发动机、涡轮轴发动机和桨扇发动机5种，它们的工作范围和总体架构有一定的区别，但工作原理类似，而且均由涡轮喷气发动机这一基本构型发展而来。教员通过介绍航空发动机的发展历程，引出相关航空工程师的故事，激发学员勇于探索、不畏艰难的科学精神。

思政点2：装备自信——航空动力装置的发展历程

在新的战争形态下，没有强大的空中力量，不仅谈不上在国际事务中有发言权，甚至连国家的主权尊严都难以保证。2011年的利比亚战争，北约方面几乎未出动地面部队，靠空袭就将号称拥有10万装甲雄狮的卡扎菲击败。从科索沃战争到阿富汗战争，再到利比亚战争，北约频频使用空中打击这一招。制空者得天下，这就是战争的新态势。在这种背景下，作为决定飞行性能十分重要的一环——航空发动机，在国家安全中的战略性地位也日益凸显。航空发动机是一个国家工业基础、科技水平和综合国力的集中体现，是大国地位的重要象征。我国是继美、俄、英、法之后，第五个可以自主研制先进航空发动机的国家，航空发动机行业已具备良好的基础并取得较好的成绩。教员通过该方面知识的介绍，帮助学员建立装备使用信心，提升民族自豪感。

思政点3：团结合作——涡轮喷气发动机基本组成

涡轮喷气发动机主要由工作部件和工作系统组成，其中，工作部件为进气道、压气机、燃烧室、涡轮和喷管。发动机工作时，空气由进气道进入发动机，在压气机中受到压缩，压力升高；高压的空气随后进入主燃烧室，与供给的燃油混合燃烧，形成高温、高压的燃气；高温、高压的燃气向后流向涡轮，在涡轮中膨胀做功，压力降低，驱动涡轮而带动压气机旋转，循环压缩空气，从涡轮出来的燃气最后从喷管排出。五大部件中的每一个部件都各司其职，完成各自的任务，如果其中任意一个部件无法正常工作，发动机就不能正常运转。在学习、工作中，同样也应注重团结协作意识，团队成员个体不仅要具备个人能力，更需要与其他成员协调合作。发扬团队精神、互补互助才能保证团队良性发展，进而提高工作效率。

思政点4：逻辑思维——喷气发动机推力

燃气涡轮发动机最重要的性能指标之一就是推力，如果气体在发动机内完全膨胀，并忽略流过发动机的燃气流量和空气流量的差别，推力近似等于发动机空气流量乘以喷气速度与飞行速度之差，这里喷气速度是由发动机的热力循环产生的。燃气涡轮发动机的实际运行是一个吸气—压缩—燃烧—膨胀—排气的循环过程，循环过程所获得的功最终用来提高喷气速度。增加循环功可以通过两种手段：一种是高加热比方案，一种是高增压比方案。高加热比方案对应着高涡轮工作温度，高涡轮工作温度受到涡轮叶片材料的限制。采用高增压比方案，对应压气机设计难度也极大。发动机的设计过程，即在满足限制条件的前提下给发动机的各个部件分配不同的性能指标，让它们相互匹配，达到最佳的工作状态，就是一个不断迭代、不断推演、解决问题的过程。学员作为未来的飞行员、战斗员，需要养成从多角度认识事物的习惯，全面地认识事物的内部和外部之间、某事物同他事物之间的多种多样的联系，形成良好的逻辑思维习惯。

课程思政点与教学内容对照见表5.1。

表 5.1　课程思政点与教学内容对照

序　号	教学内容	思政点
1	航空动力装置的发展历程	勇于探索、装备自信
2	涡轮喷气发动机基本组成	团结合作
3	喷气发动机推力	逻辑思维

三、课程思政教学设计内容

（一）本次设计的课程思政目标

认清理论学习的重要性，激发勇于探索、不畏艰难的科学精神，提升

装备自信和民族自豪感，在学习、工作中建立团结协作意识等。

（二）课程思政教学设计

1.课前：课程思政引入

① 视频素材：《涡扇10太行发动机已堪大用，未来不再依赖别国发动机》。

② 人物素材：涡轮喷气式发动机的发明者。

【思政贯穿】

课前，教员下发《涡扇10太行发动机已堪大用，未来不再依赖别国发动机》视频，提醒学员航空发动机产业是保持大国地位的核心，是工业强国的象征，尽管发达国家在航空发动机产业采取对内优先发展、对外严密封锁的策略，但在我国科研人员的不断努力下，航空发动机已实现了自主研制。由此，提升学员的民族自豪感、激发学员的飞行事业心。开课之初，介绍世界首台喷气式发动机发明者惠特尔。惠特尔曾是一名飞行员，在校期间，他就发现驱动螺旋桨的活塞式发动机满足不了飞机高空高速飞行的需要，并在毕业论文中提出新型推进系统涡轮喷气发动机的工作原理，制造出了第一台涡轮喷气发动机，是现在燃气涡轮发动机的原型。这说明飞行员对工程技术的探索，也能创造航空技术的历史。由此，提升学员学习动力，让学员明白在科技日新月异的今天，只要积极地去发现、去探索，每一个人都有可能成为航空发动机领域的翘楚。

2.课中：课程思政贯穿授课过程

① 团结协作：涡轮喷气发动机基本组成。

② 理论学习：涡轮喷气发动机的工作循环。

【思政贯穿】

教员从燃气涡轮发动机的主要组成入手，通过讲解气流在五大部件中所完成的基本工作，使学员了解燃气涡轮发动机五大部件必须组合在一起，协调工作，才能产生推力。同时，强调学习、工作中团结协作的重要性。较深入地理解涡轮喷气发动机工作循环的物理实质，对提高推力，改善经济性具有理论指导意义。

教员从循环功的影响因素出发，让学员学会应用数学逻辑思维分析问题，同时结合燃气涡轮发动机的实际工作情况，引导学员全面考虑问题，培养学员认真严谨、精益求精的科学精神。

3.课后：课程思政总结反思

航空发动机被誉为"工业之花"，是构成国家实力基础和军事战略的核心技术之一。我国航空发动机的研制任重道远，突破关键技术、走自主研发之路是国家的必然选择。本次课程思政教学实施可提升学员对航空动力装置的宏观认知，增强学员的民族自豪感与忧患意识，激发学员的飞行事业心与责任感。

学员课堂随感（航空动力装置概述）

课程名称	航空动力装置	授课教员	陈 宇
姓　　名	陆一帆	授课时间	2021.06.22
课程育人切入点（课程内容）	通过航空动力装置的发展历程、涡轮喷气发动机基本组成、喷气发动机推力产生等内容的学习，养成良好的逻辑思维习惯；提高团结协作、互助互补的思想意识，提升职业素养、道德素质。		
教员的一句良言	若生命没有热情，就好比发动机没有燃料；若生命没有拼搏，就好比飞机没有翅膀。		
核心价值观与做人做事的道理	理论是行动的先导、实践的指南。现在空战既是力的比拼，更是智的较量。飞行员只有拥有坚实的理论基础，才能成为"空中铁拳"。		
学员的体会、感悟	航空发动机是一个国家工业基础、科技水平和综合国力的集中体现，是大国地位的重要象征。"太行"发动机是我国自主研制的先进军用涡扇发动机，我坚信当代中国人定能在航空发动机研制领域创造新的辉煌。		

航空燃气涡轮发动机工作部件

燃气涡轮发动机主要由进气道、压气机、燃烧室、涡轮和喷管五大部件组成，有些涡轮喷气、涡轮风扇发动机上，为了短时增大推力还装有加力燃烧室。发动机主要部件的工作是发动机产生动力的核心条件。理解主要部件的组成、功用、工作原理、工作特性等，是掌握发动机整机工作特性的基础；熟悉发动机主要部件的工作特点，是正确使用发动机、确保飞行安全的前提。

一、教学目标

（一）知识目标

了解燃气涡轮发动机各部件的功用、组成和类型，理解各部件的工作原理；了解各部件的特性参数，理解各部件不稳定工作的原因、条件及预防措施。

（二）能力目标

具备综合运用座舱信息和飞行员感知判断各部件工作状态的能力；具备运用压气机特性曲线分析压气机主要性能参数变化规律的能力；通过压气机与涡轮、主燃烧室与加力燃烧室、亚声速喷管与超声速喷管的对比学习，提高对比分析的科学研究能力。

（三）素质目标

建立各工作部件安全可能影响飞行安全的理念，养成合理使用座舱显示指示系统的基本素养；通过分析发动机主要部件的不稳定工作条件，形成科学操纵意识，建立装备使用的信心；融入个人服从集体的思想，形成全局意识；建立行动和思想都需要与时俱进的意识，始终坚持在大胆探索中求发展。

本部分内容的逻辑关系如图5.2所示。

二、思政元素

"航空燃气涡轮发动机工作部件"教学内容中隐含的课程思政元素主要体现在以下几点。

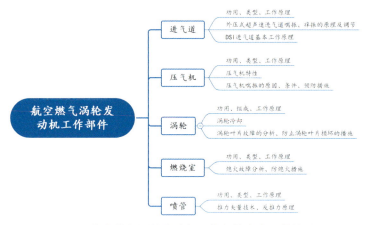

图 5.2　航空燃气涡轮发动机工作部件内容逻辑关系

思政点1：个人服从集体——进气道

进气道的功用是把发动机工作所需的空气，以较小的流动损失，顺利地引入压气机，气流流动损失越大，发动机的推力就会减小越多。当飞机在超声速飞行时，进气道必须将超声速气流减速为亚声速气流，同时满足尽可能小的损失。有效的措施就是建立合理的激波系，选择恰当的斜激波数目。而人们通过探讨发现，过多地增加斜激波的数目，从得到较大的发动机推力这个局部看似可行，但同时进气道的结构会更加复杂，相应控制系统的复杂化也增加了重量，从对飞行整体性能影响的全局看性价比不高。所以，不宜过多地增加斜激波的数目，而应该从飞行整体性能全局着眼，合理选择斜激波的数目。毛主席在《中国共产党在民族战争中的地位》中提到，"在局部的情形看来是可行的，而在全局的情形看来是不可行的，就应以局部服从全局"。由此引导学员解决问题时，应该具有全局意识。当个人利益与集体利益发生冲突时，若不牺牲个人利益，集体利益就无法实现，应遵从个人服从集体的原则，培养学员崇高的道德情操。

思政点2：防微杜渐——压气机喘振

压气机喘振是压气机的一种不稳定工作状态，当压气机在不稳定状态下工作时，会导致压气机和发动机的性能恶化，严重时甚至会引起发动机熄火停车，或导致压气机叶片和发动机的剧烈振动，使机体损坏，造成事故。所以，压气机的稳定工作对发动机的可靠工作具有重要意义。工程师在压气机结构设计上已经采取了有效措施增大其稳定工作裕度，但如果飞行中飞行员忽视使用条件，比如飞机在做低空高速飞行时，换算转速低，这是一个不利因素；如果飞机处于大迎角飞行状态，这是第二个不利因素；此时，飞行员再猛推油门叠加进来第三个不利因素，就造成压气机稳定工作裕度降低，诱发压气机喘振。通过分析压气机的稳定工作裕度，出现单一不利因素时，不会直接导致喘振，使学员建立装备使用的信心。同时强调不利因素的出现会降低稳定工作裕度，当已存在一个不利因素时，如果不重视，叠加进来更多的不利因素，最终必将导致喘振。在学习生活中也是一样，当错误的思想和行为刚有苗头或征兆时，就应加以预防与制止，避免其向不好的方向继续发展，防止最终造成无法挽回的后果。

思政点3：矛盾论——燃烧室

燃烧室是用来将燃料与空气混合并进行燃烧，完成对气流加热的任务。燃烧室位于压气机和涡轮之间，压气机出口气流速度为120～200 m/s，为自然界12级台风风速的4～7倍。以煤油为燃料的混合气在层流中被点燃，其火焰传播速度仅有0.45 m/s，二者相差悬殊。要想在流动的混合气中保证稳定燃烧，必须建立一个稳定可靠的点火源，才能不断点燃流动着的新鲜混合气。因此，在组织燃烧过程中，需在降低燃烧室局部气流速度的同时提高局部的火焰传播速度，使二者相等。为降低气流速度，通常在燃烧室进口安装扩压器，在火焰筒头部安装旋流器。为提高火焰传播速度，应该使混合气的余气系数接近于1。但是，在燃烧室内，使用这种混合气进行燃烧，燃烧室出口温度高达2200 K左右，燃烧室出口为涡轮，高温会烧坏涡轮叶片。要保证涡轮叶片安全，针对某型发动机涡轮叶片所能承受的温度进行计算，余气系数近似等于4，混合气过贫，又与稳定燃烧相背离，出现了稳定燃烧与涡轮安全之间的矛盾。毛主席在《矛盾论》中讲道："每一事物的运动都和它的周围其他事物相互联系着和相互影响着。"燃烧室在组织燃烧过程中，由于气流速度大，火焰传播速度小，结构上设置扩压器、旋流器降低气流速度，同时组成余气系数接近1的混合气提升火焰传播速度，但此时对应燃烧室出口温度高，会烧坏燃烧室后面的涡轮叶片，出现了新的矛盾。由此，引导学员要善于观察和发现各种事物的矛盾性，善于抓住主要矛盾和矛盾的主要方面，指出解决问题的方法。

思政点4：与时俱进——喷管

涡轮出口的气体，温度和压力还很高，为了使发动机产生更大推力，必须通过喷管进一步提高气体速度。所以，喷管的功用是使气体继续膨胀，将气体的热能转变为动能，从发动机高速喷出，以使发动机获得尽可能大的推力。随着军事战略及民航客、货运输事业的发展，军用大型运输机以及大型、重型民航机相继投入运行，飞机的起飞、着陆重量越来越大，单纯靠飞机刹车、减速板等减速装置不足以使飞机减速，所以必须采用一种效率更高的减速装置——发动机反推装置，通过改变发动机喷气气流的喷射方向的方法，使发动机获得反推力，让飞机迅速减速。反推装置正是工程师始终坚持解放思想、实事求是、开拓进取，在大胆探索中继承和发展，与时俱进的产物。"与时俱进"最早出自《周易》。《易传·系辞下》说：变通者，趋时者也。趋，就是趋。趋时就是趋时，实际上也就是与时俱进。毛主席在《中国农村的社会主义高潮》的序言中指出："人们的思想必须适应已经变化了的情况。"教员通过引经据典，引导学员行动和思想都需要与时俱进，始终坚持在大胆探索中继承和发展。

课程思政点与教学内容对照见表5.2。

表 5.2　课程思政点与教学内容对照

序　号	教学内容	思政点
1	进气道	个人服从集体
2	压气机喘振	防微杜渐
3	燃烧室	矛盾论
4	喷管	与时俱进

三、课程思政教学设计内容

（一）本次设计的课程思政目标

看待问题时要具有全局意识；积极应对不利因素，避免事情向不利方向继续发展；学会运用科学方法寻求解决办法；提升发现问题的能力等。

（二）课程思政教学设计

1.课前：课程思政引入

① 视频素材：歼-10战机进气道进化史，细微之处见证中国航空实力。

② 信息素材：超级金属，王者归"铼"。

【思政贯穿】

　　课前，教员下发我国歼-10战机进气道进化史的视频。歼-10战机从设计之初到最后量产和改型，经历了3种进气道设计：腹部皮托管式进气道、二维可调斜板式进气道、DSI。进气道的改变体现了成都飞机工业（集团）有限责任公司（简称"成飞"）对歼-10战机的不懈追求，使中国进气道设计从仿制跟跑到创新领跑，实现了中国航空工业的飞跃发展。成飞在歼-10飞机上不断改型和改进也展现出了成飞人孜孜不倦、创新求索的精神，引发学员共鸣，学习本身就是一个探索、发现和解决的过程，培养学员问题意识和创造能力。同时，增强学员对我国装备发展的信心，激发学员民族自豪感。

　　课前，利用学习通平台推送单晶叶片相关信息资料，介绍制约我国航空发动机发展的单晶叶片技术。单晶叶片是航空发动机中的关键零件，它的铸造工艺直接决定了航空发动机的性能。生产单晶叶片，离不开一种珍贵的稀有金属"铼"，我国现在铼矿储量为世界第三，仅次于美国和俄罗斯，能够自主提纯和生产铼合金单晶叶片，并将其应用在我国新型发动机上，经试验验证这款发动机已在耗油率、寿命上达到了国际先进标准。单晶叶片技术提高了我国航空发动机技术的整体水平。由此，激励学员作为新时代的青年、空军未来的战斗力，更应心怀理想，不断完善自身，以澎湃激昂的"浪花"之力为空军发展助力。

2.课中：课程思政贯穿授课过程

① 全局意识：进气道。

② 防微杜渐：压气机喘振。

③ 矛盾论：燃烧室。

④ 与时俱进：喷管。

【思政贯穿】

超声速进气道设计时利用激波系代替一道正激波，以较小的损失将超

声速来流减速为亚声速。从减小损失的层面看，激波系中斜激波的数目越多，总压恢复系数越大，总压损失越小，但从对飞行整体性能影响的全局看是不利的。因此，激波系数目的选择应该从飞行整体性能全局考虑。习近平总书记曾强调指出，要围绕大局出谋划策，贡献智慧，"身在兵位，胸为帅谋"。由此引导学员解决问题时，只有胸中装着全局态势，眼睛盯着大局得失，在未来战场上才能稳操胜券。

在讲授压气机的不稳定工作喘振问题时，强调多数情况下，单一不利因素不会直接导致压气机喘振，但会使稳定工作裕度降低。当已存在一个不利因素时，如果不重视，叠加进更多的不利因素，最终必将导致喘振发生。在学习工作中也是如此，思想决定行动，是行动的先导和动力。

在研究燃烧室组织燃烧时，出现了完全燃烧和涡轮安全的矛盾：要实现完全燃烧，应采用余气系数接近于1的混合气，但燃烧后的温度太高，会烧坏涡轮叶片；要保证涡轮的安全，应采用余气系数接近于4的混合气，但这种混合气过贫，根本无法实现稳定燃烧。为了解决这一矛盾问题，在燃烧的组织方式上采取了"气流分股，燃烧分区"的方法，引导学员在面对矛盾问题时，只要善于思考，方法总比问题多，总能找到解决问题的方法，有时甚至也能将问题变为机会。

早期飞机着陆时，是依靠机轮刹车并借助各种翼面的偏转，共同增加阻力控制飞机速度的。但在潮湿、结冰或被雪覆盖的跑道上，可能因飞机轮胎和跑道间的附着力损失使机轮刹车效果降低，并且随着飞行速度的不断提高，造成飞机的着陆滑跑距离增长，单靠原有机轮的刹车装置及各种翼面，难以满足有效地缩短着陆滑跑距离的要求。为解决这一问题，喷气式发动机就出现了反推力装置。反推力装置是工程师始终坚持解放思想、实事求是、与时俱进的产物。由此，引导学员大胆探索。

3.课后：课程思政总结反思

教员通过介绍单晶叶片的发展历程，增强学员的民族自信心和自豪感，坚定学员的政治信念；结合压气机喘振开展思政教育，引导学员坚定理想信念，思想上不能有偏差，要做到防微杜渐；由进气道激波数目的设计，引发学员思考，提升学员的全局意识。

学员课堂随感（航空燃气涡轮发动机工作部件）

课程名称	航空动力装置	授课教员	陈 宇
姓　　名	孔　豪	授课时间	2021.06.24
课程育人切入点（课程内容）	通过对航空燃气涡轮发动机主要部件的工作原理及不稳定工作的原因、条件和预防措施的学习，建立各个部件安全会影响飞行安全的理念；形成科学操纵意识；建立装备使用信心；融入个人服从集体的思想，形成全局意识。		
教员的一句良言	不谋全局者，不足以谋一域。		
核心价值观与做人做事的道理	正确认识和处理局部与全局的关系，既要坚持从局部的实际出发，又要着眼于全局，把局部的发展放到党和国家发展的全局中去谋划，自觉服从全局。		
学员的体会、感悟	当自己面对个人利益与集体利益发生冲突时，要有全局意识，个人服从集体。		

航空燃气涡轮发动机工作特性

飞行中需要发动机在不同的转速、飞行高度、飞行速度、大气状态等条件下进行工作，发动机的转速和这些工作条件改变时，它的主要性能参数——推力、燃料消耗率等都要相应地发生变化。通常，把推力和燃料消耗率随转速、飞行高度和飞行速度变化的规律，称为发动机的特性。发动机特性主要包括转速特性、速度特性和高度特性。

一、教学目标

（一）知识目标

理解单转子涡轮喷气发动机稳定工作状态和过渡工作状态下的共同工作，会运用单转子涡轮喷气发动机特性；了解双转子涡轮喷气发动机共同工作和工作特性，理解双转子涡轮喷气发动机的性能特点；了解涡轮风扇发动机的分类和工作特性，理解其性能特点、质量附加原理；了解涡轮螺旋桨和涡轮轴发动机的基本组成与工作，理解其性能特点。

（二）能力目标

通过分析发动机特性，增强分析、推理的能力，以及联系作战训练合理运用发动机的能力；以涡喷发动机为基础，通过对涡轮风扇、涡轮螺旋桨、涡轮轴发动机的学习，具备知识迁移的能力。

（三）素质目标

通过学习部件的共同工作、协同运行，增强团结协作的精神；建立系统化解决问题的逻辑思维，形成对不同类型燃气涡轮发动机研究的基本方法；形成发挥不同类型燃气涡轮发动机性能优势的意识。

本部分内容的逻辑关系如图5.3所示。

二、思政元素

"航空燃气涡轮发动机工作特性"教学内容中隐含的课程思政元素主要体现在以下几点。

思政点1：团结协作——共同工作

涡轮喷气发动机作为热机，要想将燃料燃烧后的热能转化为机械能进

图 5.3 航空燃气涡轮发动机工作特性内容逻辑关系

而产生推力,是利用进气道和压气机对气体进行增压,增压的气体与燃烧室中的燃油混合燃烧生成高温高压燃气,从燃烧室流出的高温高压气体进入涡轮,推动涡轮旋转产生轴功率,涡轮与压气机之间有轴连接,涡轮发出的功率带动压气机,同时从涡轮出来的气体经喷管排出。这里五大部件必须组合在一起,协调工作,离开任何一个部件航空燃气涡轮发动机都不能正常工作。工作生活中亦如此,相关人员必须团结协作,才能完成任务。雷锋同志说过:"一滴水只有放进大海里才永远不会干涸,一个人只有当他把自己和集体事业融合在一起的时候才能最有力量。"由此引发学员共鸣,一个人力量有限,要学会与他人合作;个人只有融入团队,才能发挥个人作用,同时促进团队发展。

思政点2:认识规律、运用规律——单转子涡轮喷气发动机特性

推力和耗油率分别是衡量发动机推进能力和续航能力的主要指标,随着发动机工作状态(转速)和飞行条件(飞行速度和飞行高度)的变化,它们都会相应地发生变化。将推力和耗油率随发动机转速、飞行速度和飞行高度变化的规律,称为发动机的特性。研究发动机特性的目的,在于掌握发动机特性参数变化的规律。这样,我们才可能正确地使用发动机,充分地发挥飞机的飞行性能。毛主席在《实践论》中讲道:"人们要想得到工作的胜利即得到预想的结果,一定要使自己的思想合于客观外界的规律性,如果不合,就会在实践中失败。"由此引导学员在生活、工作、学习中,建立良好的思维逻辑意识,在学习新事物、解决新问题时,首先应了解事

物的性质以及了解事物与其他事物之间的内部联系，利用事物本身的规律，找到具体有效的解决方法。

思政点3：辩证唯物主义——涡轮风扇发动机速度特性

涡轮喷气发动机在获得推力的同时，仍有大量具有一定热能、动能的高温燃气高速排出发动机，大量的能量白白损失掉了，未能最大限度地将燃油燃烧所产生的热能转变成有效功。因此，涡轮喷气发动机的经济性差，逐步被性能更好的涡轮风扇发动机所取代。其与涡轮喷气发动机比较，在燃气发生器相同的条件下，燃气在燃气发生器后的涡轮中继续膨胀，多膨胀所做的这部分涡轮功主要通过风扇变成外涵道空气的机械能，降低了排出气体的速度和温度，能量损失减小了，经济性提高了。同时燃气的总能量传递给更多的空气，在一定飞行速度范围内，推力增大，耗油率降低。由涡轮风扇发动机速度特性曲线可以看出，涡轮风扇发动机的经济性也只是在一定飞行速度范围内才比较好，飞行速度超过某个范围以后，它的经济性反而不如涡轮喷气发动机。斯大林在《论辩证唯物主义和历史唯物主义》中讲道："一切以条件、地方和时间为转移。"由此引导学员不能孤立地看问题，世界上一切事物和现象是相互联系、相互作用而不断运动和发展的，随着外界条件的变化，事物及其现象的特征也会发生改变。

课程思政点与教学内容对照见表5.3。

表 5.3　课程思政点与教学内容对照

序　号	教学内容	思政点
1	共同工作	团结协作
2	单转子涡轮喷气发动机特性	认识规律、运用规律
3	涡轮风扇发动机速度特性	辩证唯物主义

三、课程思政教学设计内容

（一）本次设计的课程思政目标

增强对我国航空发动机发展的自信心与爱国精神，建立团结协作意识，建立只有正确认识并利用规律，才能达到预期的效果等。

（二）课程思政教学设计

1.课前：课程思政引入

航空发动机作为飞机动力源，是决定飞机性能的重要因素。航空发动机集成了空气动力学、燃烧学、热力学、结构力学、控制、冶金、材料、机械制造等众多专业学科的最高成就。因此，航空发动机技术水平的高低是一个国家工业实力的重要标志。我国是世界上第五个可以自主研制先进航空发动机的国家。作为航空发动机中绝对主流的燃气涡轮发动机，主要包括涡轮喷气发动机、涡轮风扇发动机、涡轮螺旋桨发动机和涡轮轴发动机4种，它们的工作场景和总体架构有一定的区别，但工作原理类似，而且均由涡轮喷气发动机这一基本构型发展而来。

我国先后研制了WP-5、WP-6、WP-7、WP-13、"昆仑"等系列涡轮喷气发动机。涡轮风扇发动机是在涡轮喷气发动机核心机基础上由低压涡轮及其带动的风扇共同组成的。空气通过风扇进入发动机并由内外涵道向后流，外涵道和内涵道的空气流量之比，称为涵道比。小涵道比涡轮风扇发动机主要适用于战斗机。大涵道比涡轮风扇发动机主要适用于民用飞机和军用运输机。"太行"发动机是我国自主研制的先进军用涡轮风扇发动机。"长江"系列发动机是我国正在研制的民用大涵道比涡轮风扇发动机。涡轮螺旋桨发动机是在核心机后加装动力涡轮，动力涡轮的前轴穿过核心机转子，通过压气机前的减速器驱动螺旋桨。我国先后研制了WJ-5、WJ-6等系列涡轮螺旋桨发动机。涡轮轴发动机是在核心机后加装动力涡轮，动力涡轮的前轴穿过核心机，通过压气机前的减速器减速后由输出轴输出功率。我国先后研制了"玉龙"、WZ-16等系列涡轮轴发动机。相信未来随着科技的不断发展进步，航空发动机将不断推陈出新，我国航空发动机自主研制也将不断取得新成就。由此使学员感受到强大的中国力量，增强学员对我国航空发动机发展的自信心，培养学员的爱国理念。

① 视频素材：《WS-15研发情况》。

② 图片素材：我国直-20采用纯国产WZ-10发动机，最大功率达2000 kW。

2.课中：课程思政贯穿授课过程

① 团结协作：共同工作。

② 认识规律、运用规律：单转子涡轮喷气发动机特性。

③ 辩证唯物主义：涡轮风扇发动机速度特性。

【思政贯穿】

教员播放《燃气涡轮发动机工作》视频，引出燃气涡轮发动机五大部件必须组合在一起，协调工作，离开任何一个部件航空燃气涡轮发动机都不能正常工作。由此引发学员共鸣，一个人力量有限，要学会与他人合作，建立团队协作、共同进步的合作理念；个人只有融入团队，才能发挥个人作用，同时促进团队发展。

研究发动机特性的目的在于掌握发动机特性参数变化的规律，这样我们才可能正确地使用发动机，充分地发挥飞机的飞行性能。由此引导学员认识到只有不断地学习思考，才能避免过度主观的错误，真正了解事物的性质以及了解事物与其他事物之间的内部联系，找到事物本来的规律，找到具体有效的方法。

由涡轮风扇发动机速度特性曲线可以看出，涡轮风扇发动机的经济性也只是在一定飞行速度范围内才比较好，飞行速度超过某个范围以后，它的经济性反而不如涡轮喷气发动机。由此引导学员不能孤立地看问题，世界上一切事物和现象是相互联系、相互作用而不断运动和发展的，随着外界条件的变化，事物及其现象的特征也会发生改变。

3.课后：课程思政总结反思

课程思政可加强学员对各类型航空燃气涡轮发动机结构特点和工作场景的认知，更好地掌握单、双转子涡轮喷气发动机、涡轮风扇发动机、涡轮螺旋桨发动机和涡轮轴发动机的性能特点；培养学员理论分析与逻辑推理能力，使学员建立装备自信和民族自豪感；提升学员团结协作意识，强化学员使命担当意识，让学员认识到只有做到人机合一，才是提升飞机作战性能的关键所在。

学员课堂随感（航空燃气涡轮发动机工作特性）

课程名称	航空动力装置	授课教员	陈　宇
姓　　名	吴子豪	授课时间	2021.07.08
课程育人切入点（课程内容）	通过单转子涡轮喷气发动机稳定工作状态和过渡工作状态下的共同工作的学习，养成团队协作精神；建立正确认识规律、运用规律的意识；树立辩证唯物主义价值观。		
教员的一句良言	一滴水只有放进大海里才永远不会干涸，一个人只有当他把自己和集体事业融合在一起的时候才能最有力量。		
核心价值观与做人做事的道理	团结协作是一切事业成功的基础，个人和集体只有依靠团结的力量，才能把个人的愿望和团队的目标结合起来，超越个体的局限，发挥集体的协作作用。		
学员的体会、感悟	一个人的力量是有限的，团队的力量是无限的。生活、工作中只有发挥团队中每个人的优势，才能提升团队的整体力量。		

航空燃气涡轮发动机工作系统

燃气涡轮发动机不仅要有进气道、压气机、燃烧室、涡轮、喷管等主要部件，还必须有许多重要的工作系统，才能保证发动机的正常工作。因此，一台完整的发动机是由发动机的工作部件和工作系统构成的，它们形成了燃气涡轮发动机整机。这些工作系统工作得好坏，对发动机性能的发挥和工作的可靠性有着重大影响。

一、教学目标

（一）知识目标

了解发动机对控制装置的基本要求，理解控制内容、控制规律、控制方法，了解控制系统的基本组成与类型，了解发动机油门操纵；了解滑油系统的功用和类型，理解滑油系统组成和工作，掌握滑油系统的监测方法；理解发动机的起动过程，理解起动系统的基本组成和工作，了解假起动和冷运转，掌握空中起动。

（二）能力目标

具备对常用发动机控制系统方案归纳总结的能力；能够归纳滑油、起动系统座舱中相关操纵、显示和告警，具有分析典型滑油、起动系统故障原因的基本能力。

（三）素质目标

通过发动机控制规律的理解学习，增强遵循规律的意识，形成"没有规矩不成方圆"的作风纪律观念；通过滑油系统的学习，增强主动学习思想政治的意识，不断补充精神食粮，防止思想被腐蚀。

本部分内容的逻辑关系如图5.4所示。

二、思政元素

"航空燃气涡轮发动机工作系统"教学内容中隐含的课程思政元素主要体现在以下几点。

思政点1：没有规矩不成方圆——控制规律

航空发动机能否获得所需的稳态和过渡态性能，同时保证工作过程中

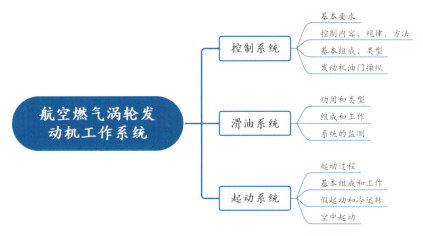

图 5.4　航空燃气涡轮发动机工作系统内容逻辑关系

的气动稳定性，很大程度上取决于发动机的控制规律。发动机的工作环境瞬息万变，如果不实施必要的控制，不遵循必要的限制，在某些条件下，发动机将会出现超温、超转、超压、喘振，严重时会导致发动机空中停车，威胁飞行安全。古人云："没有规矩不成方圆。"工作生活中，有人觉得部队纪律约束太多，限制了个人能力的发挥。事实上，军队之所以能够有战斗力，与其他组织或单位最大的区别就是具有铁一般的纪律。只有在纪律的约束下，才能发挥军队的战斗力，才能发挥个体的价值。由此培养学员"没有规矩不成方圆"的作风纪律观念。

思政点2：思想防腐——滑油系统

航空燃气涡轮发动机运转时，主轴轴承工作转速可达上万转，附件传动机匣内的齿轮转速可达数万转，相对运动的机件会产生摩擦，摩擦一方面使发动机输出功率降低，耗油率升高，另一方面还会引起机件磨损过热，致使发动机的寿命缩短，甚至损坏，当金属件置于潮湿的空气中还会发生腐蚀。为了确保发动机正常工作，设置了滑油系统，其主要功用是润滑、散热、清洁、防腐。人的"大脑"同样也需要润滑，即要用马克思主义、毛泽东思想、习近平新时代中国特色社会主义思想、英雄模范精神，来润滑我们的"大脑"，这样才有能力抵制不良思想，防止被腐蚀。由此引导学员增强主动学习思想政治的意识，不断补充精神之钙，不让思想被腐蚀。

思政点3：果敢处置，勇于担当——空中停车

空中停车是指飞机在空中飞行时发动机"熄火"。飞机能在天上飞，全靠与空气的相对运动产生一定升力，因此用足够的动力使飞机维持一定速度，是保持飞行的最基本条件。造成空中停车的原因有很多，有的是发动机本身或子系统故障，有的是遭遇鸟撞或其他异物，甚至有时候飞机姿态不正确、进气条件恶化也有可能造成停车。燃气涡轮发动机停车后的起动对进气条件、飞行状态等有要求，空中起动也不是每次都能成功，所以处置发动机停车这种问题，对飞行员的技术和心理都是极大的考验。飞行员常这样形容自己："飞行员的勇猛顽强就像下山的猛虎，飞行员的机警敏捷就像俯冲的老鹰，飞行员的沉着冷静就像大漠的骆驼，飞行员的认真细致就像绣花的姑娘。"因此，飞行员不仅要具备扎实的航空理论知识，还要勇于担当，在飞行中遇到险情时能够临危不乱，果敢处置。

课程思政点与教学内容对照见表5.4。

表 5.4　课程思政点与教学内容对照

序　号	教学内容	思政点
1	控制规律	没有规矩不成方圆
2	滑油系统	思想防腐
3	空中停车	果敢处置，勇于担当

三、课程思政教学设计内容

（一）本次设计的课程思政目标

形成作风纪律观念，增强思想政治学习的意识，充分认识到理论学习的重要性等。

（二）课程思政教学设计

1.课前：课程思政引入

几十年来，航空发动机控制系统发生了深刻的变化，由液压机械式控制向数字式电子控制发展。从20世纪70年代开始，为了克服液压机械式控制系统的发展极限，以美国为代表的航空技术先进国家开始数字式电子发动机控制系统的研制。航空发动机电子控制技术发展到80年代，具有全权限控制功能的全权限数字电子控制系统（full authority digital electronic control system，FADEC）获得了成功应用。

我国航空发动机数字式电子控制系统的研究工作始于20世纪80年代。2002年，我国自主研制的首台FADEC系统飞行演示验证取得成功，到2010年，采用第二代FADEC技术的某涡轴发动机数字控制系统完成定型设计，表明我国已经基本掌握了数字式电子控制系统的各项关键技术，也标志着我国航空发动机控制进入了新的发展时期。从此，我国新研制的涡轮喷气、涡轮风扇、涡轮轴、涡轮螺旋桨等航空发动机都采用了FADEC系统，部分老机种也改装了我国自行设计的FADEC系统，并投入试飞验证。教员通过介绍发动机控制系统的发展，使学员了解任何事物都要根据需求进行改进，是一个不断迭代、推陈出新的过程，作为空军的新鲜血液，更应不断提升和完善自我，担起强军兴军、报效祖国的重任。

2.课中：课程思政贯穿授课过程

① 没有规矩不成方圆：控制规律。

② 思想防腐：滑油系统。

③ 果敢处置，勇于担当：空中停车。

【思政贯穿】

航空燃气涡轮发动机只有在特定的控制规律制约下，才能够在保证安全、稳定工作的情况下，发挥其最大性能。如果不实施必要的控制，不遵循必要的限制，在某些条件下，发动机将无法安全、稳定工作，会出现结构损伤或空中停车。引用《孟子·离娄章句上》中的"不以规矩，不能成方圆"，我们的部队就是在纪律的约束下，才能发挥军队的战斗力，才能发挥个体的价值，培养学员"没有规矩不成方圆"的作风纪律观念。

以滑油系统的功用为牵引，引出在纷繁的工作生活中，外来新生事物越来越多，导致一些不良的思想会侵蚀我们的大脑。我们要用马克思主义、毛泽东思想、习近平新时代中国特色社会主义思想、英雄模范的精神，来润滑我们的"大脑"，这样才有能力抵制不良思想，防止被腐蚀。由此引导学员增强主动学习思想政治的意识，不断补充精神之钙，不让思想生锈。

发动机空中停车是危险性极高的应急情况，从统计数据来看，在飞行训练中时有发生，带来的危害极大。当发动机空中停车后，飞行员对停车的判断是否准确及时，处置是否迅速得当，是对飞行员心理素质的考验。教员引入2009年空军某团副团长李峰在遭遇发动机空中停车后成功迫降案例。当时，李峰是因为发动机有告警信号，判断可能会停车，随即中断任务返航，在距机场6公里、高度1100米的时候发动机停车。这种情况已经满足了跳伞条件，但李峰最终还是架机在场内迫降成功，整个处置过程只有104秒。如果不是李峰经验丰富、艺高胆大、心又细，加上对国家财产的负责和爱护，后果必然会更加严重。由此引导学员当飞行中遇到险情时要临危不乱，果敢处置，勇于担当。

3.课后：课程思政总结反思

教学内容可加强学员对航空发动机控制系统基本组成和类型的认知，掌握控制内容、规律和方法，明确滑油系统的功用和类型，掌握滑油系统的工作过程和监控方法，掌握发动机起动过程和空中起动；课程思政可坚定学员理想信念，培养学员遵章守纪、果断处置等职业素养。

学员课堂随感（航空燃气涡轮发动机工作系统）

课程名称	航空动力装置	授课教员	陈　宇
姓　　名	李飞阳	授课时间	2021.07.15
课程育人切入点（课程内容）	通过燃气涡轮发动机控制系统的学习，增强遵循规律的意识；形成"没有规矩不成方圆"的作风纪律观念。		
教员的一句良言	没有规矩，不成方圆。		
核心价值观与做人做事的道理	做人，有了规矩，才有了方圆；有了尺度，才有了界限；有了底线，才有了尊严。		
学员的体会、感悟	我们的军队之所以有核心力、战斗力，就是因为有铁一般的纪律。只有在纪律的限制下，才能发挥军队的战斗力，才能发挥个体的价值。		

活塞-6甲发动机应急情况分析与处置

活塞-6甲发动机在实际使用中是安全可靠的，但有时也会出现特殊情况。比如，飞行员操作不当，导致发动机出现不稳定工作，甚至空中停车。或飞行员飞行经验不够丰富，对某些故障因素判断不准确，实施错误操作导致发动机超温、贫富油，甚至导致活塞式发动机出现停车的现象。作为飞行员，必须了解特殊情况的现象和原因，以及相应的预防和处置方法。

一、教学目标

（一）知识目标

了解气喘、液压撞击、发动机超转、空中停车、发动机振动、空中起火等应急情况的现象、原因，掌握各应急情况预防和处置方法。

（二）能力目标

初步具备发动机应急情况发现及时、判断准确、处置果断的基本能力，提升对应急情况系统性、针对性归纳的能力。

（三）素质目标

形成精益求精的敬业精神，建立开拓进取的创新意识，具有应急情况处置意识和飞行安全意识，提高处置险情的心理稳定性。

本部分内容的逻辑关系如图5.5所示。

图 5.5　活塞-6甲发动机应急情况分析与处置内容逻辑关系

二、思政元素

"活塞-6甲发动机应急情况分析与处置"教学内容中隐含的课程思政元素主要体现在以下几点。

思政点1：质量互变规律——液压撞击

液压撞击的轻重程度主要取决于气缸内积存的液体量，积存液体越多，液压撞击就越厉害，将会导致连杆折断、活塞被击破、曲轴卡死等严重后果。轻微的液压撞击后，发动机工作并无明显异常，仅靠试车和外部检查是看不出来的，但工作一段时间后，连杆会因应力集中而导致金属疲劳后突然折断。从轻微液压撞击的表现形式看，它不易被飞行员察觉，但当其产生的量变叠加到一定程度后，就会影响发动机运行，导致发动机出现停车故障。毛主席在《矛盾论》中用通俗的语言阐述了唯物辩证法中的质量互变规律。由此，引导学员充分认识到当量变发展到一定程度时，会引起事物内部的运动形式发生改变，引发质变。在工作生活中也应注重细节，认真做好每一件小事，成功就会不期而至。

思政点2：眼见不一定为实，真知来自实践——故障判断

飞行中飞行员通过座舱中的仪表，监测发动机的工作状态。如果仪表指示不正常，飞行员的首要任务是判断原因，学会交叉检查，学会从其他现象中判断，是仪表故障还是工作系统故障。以滑油系统为例，如果是三用表中的滑油温度显示出现故障，我们可以借助气缸头温度表指示进行飞行。如果判断是滑油系统出现故障，就应立即报告指挥员，进行返航。故障判断不能单一依靠看到的现象，应通过交叉检查等其他实践活动获取更多依据，避免错误判断，导致错误处置，造成飞行事故。由此使学员建立眼见不一定为实，真知来自实践的思想。

思政点3：实践要符合理论——空中停车后的处置

发动机空中停车具有极高的危险性，其产生的原因不尽相同，表现也多种多样。飞行员要综合运用"感、听、看、试"这4种方法准确判断，利用所学知识创造出良好的开车条件，顺利完成开车前的准备工作，并选择合适的开车方法，遵循有关的注意事项，成功进行空中开车。空中停车后，在空中那短暂的时间里，如果没有充分的理论知识准备，是无法正确应对并成功处置的。毛主席在《论持久战》中讲道："一切根据和符合于客

观事实的思想是正确的思想，一切根据于正确思想的做或行动是正确的行动。"由此引导学员充分认识到理论学习的重要性，科学的理论对实践具有积极的指导作用。

课程思政点与教学内容对照见表5.5。

表 5.5　课程思政点与教学内容对照

序　号	教学内容	思政点
1	液压撞击	质量互变规律
2	故障判断	眼见不一定为实，真知来自实践
3	空中停车后的处置	实践要符合理论

三、课程思政教学设计内容

（一）本次设计的课程思政目标

建立运动着的事物会发生量变到质变的转化思想，增强真知来自实践的意识，充分认识到理论学习的重要性等。

（二）课程思政教学设计

1.课前：课程思政引入

课前，教员播放《最牛的开学典礼 —— 航空开放日"追梦空天"飞行表演》视频。学员通过观看"天之翼"表演队驾驶初教-6飞机进行单机和编队飞行表演，触动心底，引发共鸣，忆起当初的铮铮誓言 ——"不负时代、不负青春，为战而来、为战而学"，坚定飞行信念，打牢航理学习基础，朝着自己的梦想迈进。

2.课中：课程思政贯穿授课过程

① 质量互变规律：液压撞击。

② 眼见不一定为实，真知来自实践：故障判断。

③ 实践要符合理论：空中停车后的处置。

【思政贯穿】

轻微液压撞击发生时，发动机工作无明显特征，但是会造成活塞、连杆曲轴等机件发生轻微变形，多次轻微撞击加上机件因变形而产生疲劳，就会导致机件损坏，而飞行中机件损坏将会造成发动机空中停车。这种量变到质变的转化，带来的危害是极大的。教员引入毛主席在《矛盾论》中的质量互变规律，引导学员充分认识到对运动的事物当量变发展到一定程度时，会引起事物内部的运动形式发生改变，引发质变。在工作生活中也应注重细节，认真做好每一件小事，量变的开始，必然会产生质变，成功就会不期而至。

飞行中通过座舱内的仪表监测发动机的工作情况，仪表可能会发生故障，但此时系统工作可能仍然是正常的。由此引导学员交叉检查，学会从其他现象中判断，做出正确的处置，避免误判导致飞行事故。如今，获取信息的速度越来越快，信息量也越来越大，但往往很多信息是片面的、不真实的。由此引导学员应学会利用理论知识，利用一定的技术手段进行深入的分析判断，而不是盲目相信。

空中停车后的处置，不仅是对飞行员心理的考验，也是对飞行员航理知识的检验。航理知识让飞行员不仅知道应该怎样做，还清楚为什么要这样做。飞行不可能千篇一律、一成不变，永远都是风和日丽、一切正常，在遇到特殊事件和紧急情况时，如果没有充分的理论知识准备，在空中那短暂的时间里就不可能找到正确的应对方法。毛主席在《论持久战》中讲道："一切根据和符合于客观事实的思想是正确的思想，一切根据于正确思想的做或行动是正确的行动。"由此，引导学员充分认识到理论学习的重要性，科学的理论对实践具有积极的指导作用。

3.课后：课程思政总结反思

教学内容可加强学员对活塞-6甲发动机各种应急情况现象和原因的认知，掌握各种应急情况预防和处置方法；课程思政可坚定学员的政治信仰和飞行事业心，强化学员的知识与技能。练在平时、赢在战时。华山论剑，凭的是真功夫；高手过招，比的是真本领。唯有练在平时，才能成为尖刀上的刀尖，战时才敢于亮剑。

学员课堂随感（活塞-6甲发动机应急情况分析与处置）

课程名称	航空动力装置	授课教员	陈 宇
姓 名	王晨阳	授课时间	2021.07.31
课程育人 切入点 （课程内容）	通过对活塞-6甲发动机应急情况分析与处置的学习，形成急情况处置意识和飞行安全意识；建立理论学习有效指导飞行实践的理念；提高处置险情的心理稳定性。		
教员的一句 良言	一切根据和符合于客观事实的思想是正确的思想，一切根据于正确思想的做或行动是正确的行动。		
核心价值观 与做人做事 的道理	理论知识提供了一套思考问题的思路和方向，做事的方法，解决问题的逻辑。通过对该领域内理论知识的学习，快速理清思路，解决问题。		
学员的体会、 感悟	艺高人胆大，较好地掌握理论知识，遇到险情时才能做到临危不惧，果敢处置。		

第六篇

"飞机结构与系统"
课程思政

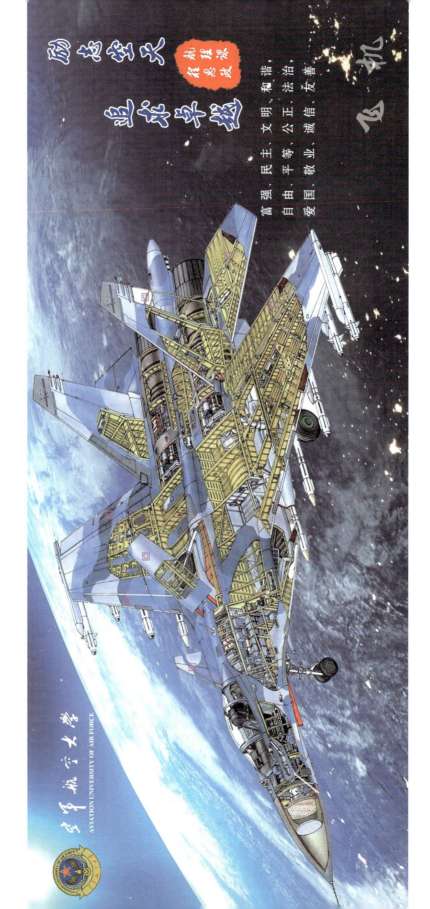

励志空天
追求卓越

飞机

富强、民主、
自由、平等、
文明、和谐
公正、法治
敬业、诚信、友善
爱国、

空军航空大学
AVIATION UNIVERSITY OF AIR FORCE

第一部分　课程概述

一、课程性质与定位

"飞机结构与系统"课程是航空飞行与指挥（飞行技术）专业的必修主干课程，是理解飞机结构与以机械类系统为主各系统的基础理论和共性知识，掌握初教机结构、操纵与冷气系统使用特点，培养分析和解决飞行实际问题的初步能力的重要航理课程，对开展初教机飞行训练和后续机型改装具有重要的支撑作用。课程注重基础理论、系统原理和飞行应用的层层递进和有机结合，着重建构飞行平台的整体概念，强化飞行应用、故障判断与特情处置的综合能力。

二、课程教学目标

学员通过本课程学习，理解各机械类系统的功用、组成、工作原理及使用原则，掌握初教-6型飞机的结构与系统，熟练默画座舱图，具备运用基础知识判断、分析和解决飞行实际问题的基本能力，养成科学思维、开放务实、锐意进取、严谨求实的优秀品质，激发热爱航空飞行事业、遂行军事飞行任务的信心。

三、课程思政理念

深入挖掘"飞机结构与系统"课程和教学方式中蕴含的思政元素，把新时代军事教育方针及新一代革命军人"四有"要求与课程内容深度融合，寓军人核心价值观以及强军思想引导于知识传授和能力培养中，帮助学员塑造正确的世界观、人生观、价值观，培养学员家国情怀、文化自信、装备自信、矢志飞行、追求卓越、责任担当等必备品格和关键能力，为学员

成为具备新时代飞行员核心素养的英才奠定基础。

本课程要落实思政教育，就是要找准"飞机结构与系统"课程教学与"思政内容"的契合点，通过系统性的设计，实现"专业"与"思政"的有机融合，达到润物无声、育人无痕的效果。因此，课程思政的关键点主要集中在两个方面：一是课程中蕴含的思政元素有哪些；二是如何将思政元素无痕、盐化于水地融入课堂教学实践中。

第二部分　课程思政案例

飞机结构与强度限制

飞机结构是构成飞机外形与承力的基础，也是武器及其他系统的载体，同时保护机内人员和设备不受外界环境的影响。飞机结构既是气动布局形式的具体体现，又反映了飞机结构设计与制造的水平，还对飞机飞行性能和结构强度提出了明确要求。飞机设计时确定的结构强度与飞行时可以承受的外载荷、过载等密切相关。为保证结构使用安全，规定了飞机只能在允许的结构强度限制范围内飞行使用。

一、教学目标

（一）知识目标

了解机翼、机身的对接方式，舵面结构，座舱盖受力特点，尾翼结构；了解飞机结构设计基本过程和典型受载情况；理解机翼、机身结构受力特点和基本组成；理解飞机结构设计思想和结构寿命估算方法；掌握机翼、机身的结构形式；掌握结构承载余量和对称机动飞行包线的内涵。

（二）能力目标

能够建立不同机体结构形式及其承力特点的基本知识体系，从飞行角度理解飞机结构与强度限制理论，准确界定飞行包线范围、典型受载情况并用于指导飞行实践，实现从基础理论到飞机平台应用性知识的转变。

（三）素质目标

树立飞机结构总体设计理念，强化飞行平台航空理论素养与实际应用意识，形成实事求是、锐意进取等优秀品质，养成令行禁止、雷厉风行、敢打必胜的战斗作风，激发并增强飞机装备使用信心和国家装备发展的自豪感。

本部分内容的逻辑关系如图6.1所示。

图 6.1　飞机结构与强度限制内容逻辑关系

二、思政元素

"飞机结构与强度限制"教学内容中隐含的课程思政元素主要体现在以下几点。

思政点1：装备自豪感——第四代战机歼-20飞机的结构布局

随着航空技术水平的进步和对飞机技战术指标的要求不断提高，飞机结构的设计思想与技术性能特征也不断发展，飞机多棱隐身外形机身、锯齿形舱门蒙皮对缝隐身结构、内埋武器舱、翼身融合、新型结构材料等应用到新型战机上。歼-20飞机是我国自主研制的第四代战机，使我国成为世界上为数不多具备四代机且形成战斗力的国家。为提高飞机机动性能，该机采用鸭翼结构布局设计，成为第四代战机中唯一一型具有鸭翼布局的飞机。歼-20飞机完成了我国航空工业从跟跑到并跑，再到领跑的发展之路，也标志着我国迈入了世界强大空军之列。

思政点2：科学思维——机翼（机身）结构形式

机体结构由机翼、机身和尾翼构成。飞机在飞行过程中，受到飞行载荷、气密舱增压载荷等外载荷作用，不同结构部分承受的外载荷主要类型不同，以机翼结构为例，主要承受空气动力载荷、机翼结构质量力和集中载荷。外载荷从机翼向机身传递的过程中，在机翼结构内会产生相应的内力。根据外载荷和内力的特点，要求机翼结构由纵向构件、横向构件和蒙皮等组成。为适应不同飞行条件和承力要求，需要承载的主导构件不同，机翼结构就有不同的结构形式，如梁式、单块式、复合式、多腹板式、夹层结构、整体结构、翼身融合等。机翼结构形式的多种多样，折射出要抓住主要矛盾的科学思维。

思政点3：辩证唯物主义——结构设计思想的演变

结构设计思想经历了从静强度、动强度、疲劳强度到断裂强度的不断发展、补充和完善的过程。飞机设计初期，受认识的局限性影响，飞机结构强度取决于飞机结构最大能够承受的载荷，结构设计准则是静强度设计。随着飞行速度和技战术性能的提高，薄机翼凸显了气动弹性问题，飞机结构颤振造成多起飞行事故，于是在静强度的基础上，引入了刚度、气动弹性设计。随着飞机使用寿命的提高，加之高强度材料的应用和结构使用应力水平的提高，均增大了结构产生疲劳破坏的可能性，二战后飞机疲劳破坏事故表明只按静强度、刚度设计的飞机并不能保证安全，还需要考虑疲劳安全寿命。随后按疲劳寿命设计的多种飞机出现了断裂事故，这就说明还需要考虑结构在使用前就带有初始缺陷，即损伤容限设计。结构设计思想的演变，表明了理论指导实践，实践促进理论发展的辩证唯物主义，也体现了飞机设计人员尊重事实、实事求是的科学态度。

思政点4：装备结构使用自信、令行禁止、追求卓越等——机动飞行包线

具体机型的《飞机飞行手册》给出了明确的飞行限制参数，过载、动压和迎角的限制的交集就构成了飞机的机动飞行包线。飞机允许的机动飞行状态都被限制在这个包线内，同时也给出了飞行操纵过程中所允许的飞机结构强度边界。这就意味着飞行员在操纵飞机时，只要在包线内进行飞行，飞机结构都是安全的。因此，要求飞行员在飞行训练中，不要做超出包线外的机动动作。另外，飞行包线在制定时，就已经考虑了结构的承载余量，即使某次训练或格斗中飞行超出了包线，若在承载余量范围内，飞机结构也是能够保证安全的，但返回后需要进行检查。因此，飞行员在使用装备时，要建立对国家装备的使用自信。为了充分发挥小速度下飞机机动性能，空军新的训练大纲中增设了涉及左边界、失速、尾旋等飞机边界性能高难度飞行科目，这就要求飞行员刻苦钻研飞行、磨炼战斗意志、锤炼打赢本领，将自身优势和资源发挥到极致，完成挑战性的飞行任务。

课程思政点与教学内容对照见表6.1。

表 6.1　课程思政点与教学内容对照

序　号	教学内容	思政点
1	第四代战机歼-20飞机的结构布局	装备自豪感
2	机翼（机身）结构形式	科学思维
3	结构设计思想的演变	辩证唯物主义
4	机动飞行包线	装备结构使用自信、令行禁止、追求卓越等

三、课程思政教学设计内容

（一）本次设计的课程思政目标

形成科学思维，学会用辩证唯物主义的发展观看待技术的演变发展，

增强装备使用自信，激发民族自豪感。

（二）课程思政教学设计

① 视频素材：《因为你，我们的天空更加精彩 —— 歼-20宣传片》《教-8飞机失速尾旋专项训练》。

② 文字素材：中国研发歼-20过程揭秘：没有希望的年代。

1.课前：课程思政引入

课前，教员下发"歼-20的研发历程揭秘"资料，使学员了解国家在十几年的时间里，如何在二代机为主战机型的时期，通过克服一个个技术难题成功研发了歼-20战斗机。通过观看歼-20宣传片，学员对我国先进的第四代战机歼-20有更深入的了解，从结构布局、数字化设计、首飞场景等角度感受祖国的航空先进技术、航空人的报国精神、民众对歼-20的期盼自豪感情，激发民族自豪感，增强飞行事业心。

2.课中：课程思政贯穿教学过程

①注重培养学员的科学思维。教员通过引导学员建立外载荷与内力、机翼（机身）结构基本组成、结构形式、对接方式等内在联系及飞机结构知识体系，锻炼学员的科学总结和分析能力。②注重培养学员的辩证唯物主义发展观。飞机设计思想的演变就是实践和认识不断相互作用的结果，教员通过对"设计准则的提出—飞行实践的反馈—设计准则的改进"这样不断发展的辩证关系的梳理和推进，让学员感受其中的辩证唯物主义思想以及设计人员实事求是的科学态度。③增强学员装备使用自信。教员强调飞行限制参数的选取依据和结构承载余量，突出结构的安全性使用范围，使学员相信装备、敢于飞行。④培养学员令行禁止、追求卓越、敢打必胜的战斗作风。教员通过引入超过边界后造成飞机折损和事故的资料，告诫学员要令行禁止。教员引入《教-8飞机失速尾旋专项训练》的视频，培养学员敢于面对风险挑战、遇险不惧不惊、遇惑不乱的品质，激发学员锤炼飞行本领、勇于超越自我的信念。

3.课后：课程思政总结反思

本次课的教学可加强学员对飞机机体结构的认识，对我国航空装备的发展产生强烈的民族自豪感，激发学员飞行事业心；教学方法的有效应用可培养学员的科学思维和辩证思想，促进学员核心素养的形成。

学员课堂随感（飞机结构与强度限制）

课程名称	飞机结构与系统	授课教员	李广华
姓　名	侯昱名	授课时间	2021.05.21
课程育人切入点（课程内容）	典型先进战机的结构布局；机翼（机身）结构形式；结构设计思想的演变；飞行包线。		
教员的一句良言	飞机结构保障我们安全，我们捍卫祖国蓝天。		
核心价值观与做人做事的道理	要善抓主要矛盾，运用辩证唯物主义的发展观看待技术的演变发展，尊重科学，实事求是。		
学员的体会、感悟	结构承载的边界是"红线"，触碰不得；控制的边界是驾驶水平追求的极限，技术精湛才能充分发挥飞机机动性能。		

起落装置

起落装置是飞机重要的组成部分，包含起落架系统和改善起飞着陆性能装置，其工作性能的好坏直接影响着飞行安全。起落架系统不仅在地面运动和停放时要承受地面载荷的作用，还要保证地面的灵活运动，减小着陆撞击与颠簸，实现滑跑刹车减速等功能。为保证飞机的良好飞行性能，起落架要能够进行收放并提供起落架的位置和工作状态信息。改善起飞着陆性能装置可以改善飞机的起降性能，缩短起飞、着陆滑跑距离，保证飞行安全。

一、教学目标

（一）知识目标

了解起落装置的组成和性能要求、起落架受力特点、轮胎受力特点、收放机构、前轮减摆与纠偏机构；理解油气式减震器特性；理解收放手柄、刹车调压器及防滑刹车核心附件的功用与工作原理；了解起落架组成、减震器工作原理、收放锁和位置信号；掌握机轮刹车减速原理、防滑刹车控制原理、转弯操纵机构和着陆减速伞工作原理。

（二）能力目标

能够从受力、结构形式、工作原理、使用操纵特点到状态显示，构建起落架的完整知识体系，从飞行角度理解起落装置理论知识，具备正确使用起落架收放、机轮刹车等系统的能力，具备利用所学知识指导使用、故障判断与特情处置的综合能力，实现从基础理论到飞机平台应用性知识的转变。

（三）素质目标

强化飞行平台航空理论素养与实际应用意识，形成系统性思维和严谨细致的优秀品质，强化令行禁止的战斗作风，增强为人民而飞的责任感和使命感。

本部分内容的逻辑关系如图6.2所示。

图 6.2 起落装置内容逻辑关系

二、思政元素

"起落装置"教学内容中隐含的课程思政元素主要体现在以下几点。

思政点1：系统思维——起落架基本组成

减震支柱、斜撑杆、扭力臂、收放机构、轮臂、轮架、轮轴等，是起落架的主要承力构件，有的收放作动筒本身就起到斜支撑的作用。减震支柱承受和传递地面载荷，减小着陆撞击与颠簸。主起落架扭力臂防止支柱内筒和外筒之间产生相对转动。收放机构保证起落架收放的安全可靠。机轮用来保证飞机的地面滑行与滑跑，主轮装有刹车装置，前轮可左右偏转。小车式起落架安装有稳定减震器用来减弱轮架在不平的跑道上的俯仰力矩，刹车平衡机构用来保证前后轮受力与磨损能够均匀。起落架各组成部

分相互连接，相互配合，有机地实现起落架所要起到的功能。

思政点2：工匠精神、家国情怀、民族自豪感——刹车装置材料

飞机在地面刹车时，刹车片要承受巨大的摩擦力和上千度的高温，因此对刹车片材料的要求极高。在我国只能生产金属基刹车片时，国外已经开始使用耐高温、摩擦性能好、质量轻的炭/炭复合材料飞机刹车片。随着飞机的更新换代，金属基刹车片早已不能满足新的需求，而国外对我国在此项技术上实施技术封锁。黄伯云带领其团队20年磨一剑，成功研制了高性能炭/炭航空制动材料，并应用于C919等飞机的刹车片，使中国打破了欧美在此项技术上的垄断，成为继英、法、美之后的第四个拥有生产高性能炭/炭航空制动材料的国家，标志着我国在上述领域站在了世界前沿。

思政点3：科学思维、勤于思考——前起落架特殊装置

与主起落架相比，前起落架在功用和组成上有许多相似之处，主要差别在于为保证飞机在地面的灵活运动，滑跑方向可控，前轮能够左右偏转。首先前轮要有稳定距，也就是前轮接地点要在支柱轴线的后方，这样当前轮由于某情况偏转一个角度时，侧向摩擦力会对支柱产生一个恢复力矩。其次，前轮还要有纠偏机构，使得前轮在离地后或接地前始终保持在中立位置，以便顺利收入起落架舱和接地时保持方向。无前轮转弯机构的还需要有减摆器等装置来抑制飞机在高速滑跑过程中的摆振现象。为了使飞机转弯方便，前轮普遍设置有前轮转弯机构，工作状态时供飞行员进行前轮偏转时使用，不操纵转弯时可抑制前轮转弯。前起落架上这些特殊装置，是根据需求而进行设置的。学员通过对这部分内容的学习，锻炼从飞行需求出发，掌握功用—组成—原理—使用的科学思维，有助于对知识的理解和巩固。

思政点4：令行禁止、严谨细致、善谋打仗——装置使用

起飞和着陆是飞行事故多发阶段，起落装置处于良好的工作性能是保证飞行安全的重要因素。起落装置、信号设备的完好性，传动系统的压力、轮胎压力、减震器灌充量等都影响着起落装置的工作性能。飞行前，飞行员一定要严格按照检查单程序对飞机进行细致检查，不能漏项，把安全隐患排除掉，不带危险飞天。虽然收放系统、机轮刹车系统不断进步和完善，但即便掌握了相关理论知识和方法，飞行员在实际操纵时不一定能够发挥

出系统的最佳性能。以机轮刹车系统为例，需要注意刹车介入时机、刹车力度、刹车外界环境等事项，因此需要飞行员在掌握基础原理的基础上，不断地钻研、思考，精通系统的操控，充分发挥系统的效能。

课程思政点与教学内容对照见表6.2。

表 6.2　课程思政点与教学内容对照

序　号	教学内容	思政点
1	起落架基本组成	系统性思维
2	刹车装置材料	工匠精神、家国情怀、民族自豪感
3	前起落架特殊装置	科学思维、勤于思考
4	装置使用	令行禁止、严谨细致、善谋打仗

三、课程思政教学设计内容

（一）本次设计的课程思政目标

学好起落装置理论知识的同时，锻炼认知的科学思维方法，激发热爱祖国、为祖国奉献的精神，为国家取得成就而自豪，同时养成严谨细致、令行禁止的工作作风，具备刻苦钻研、善谋打仗的血性品格。

（二）课程思政教学设计

视频素材：

①《"中国留学生的40年"之黄伯云：点石成金的材料魔法师》。

②《飞机前轮垂直着陆》。

1.课前：课堂思政引入

课前，学员通过观看黄伯云人物介绍视频，从黄伯云的人生抉择中，感受其把祖国的需要作为第一选择、与祖国荣辱与共的大国工匠的爱国之情，从而坚定为党而飞、为祖国而飞、为人民而飞的忠诚；从团队20年磨一剑、自力更生打破技术封锁中，感受其艰苦奋斗、务实钻研的优秀品格；

从飞机刹车片技术由受制于人到国际领先的发展过程，激发自豪感，同时也深深体会到科技兴国的作用。

2.课中：**课程思政贯穿教学过程**

①注重学员的系统性思维的培养。在起落架基本组成的学习中，教员介绍每一部分所起到的功用以及如何连接并协调完成起落架功能的，强调元素与系统、局部和整体的关系，引导学员建立系统性思维。②注重培养学员的科学思维和勤于思考的习惯。教员引导学员利用思维导图的方法建构知识体系来锻炼学员的科学思维，比如采用需求牵引式教学方法介绍前起落架特殊装置等，从实际需求出发，考虑飞机上需要哪些装置能够满足这些需求，为什么能够实现，以及如何使用，这些装置出现故障会对飞行或安全产生哪些危害以及如何应急处置。介绍时，适当引入生活中的实例以及飞行视频等元素，比如为什么婴儿车前轮在行进时呈现接地点在支柱轴线的后方来引入稳定距、前起落架非中立时不能收入起落架舱以及着陆摩擦起火的飞行视频引入中立机构等，从而引导学员善于观察、勤于思考。③注重培养学员令行禁止、严谨细致的工作作风以及善谋打仗的战斗作风。教员在介绍装备使用时，着重强调每一部分起到的作用及非正常工作会引起的后果，采用相关飞行事故案例等形式，告诫学员飞行安全无小事，来不得半点马虎和对付，一定要服从命令，遵守规章制度，飞行前要按照检查单进行逐项细致检查。教员引入着陆刹车事故等案例，引导学员归纳总结刹车使用注意事项，特别是与飞行员操纵水平直接相关的影响因素，激发学员矢志飞行的信念。

3.课后：**课程思政总结反思**

本次课的教学可加强学员对起落装置知识的理解，树立以祖国需要为第一选择的爱国情怀，坚定为党而飞、为祖国而飞、为人民而飞的忠诚信念；教学内容的讲解和教学方法的运用可培养学员科学思维、系统性思维，使学员养成令行禁止、严谨细致的工作作风以及善谋打仗的战斗作风。

学员课堂随感（起落装置）

课程名称	飞机结构与系统	授课教员	李广华
姓 名	赵秀志	授课时间	2021.05.31
课程育人切入点（课程内容）	起落架基本组成；刹车装置；前起落架特殊装置；装置使用。		
教员的一句良言	起落平安是祝福，也是高要求。		
核心价值观与做人做事的道理	国家的需求是第一选择，飞行是使命、责任和担当。		
学员的体会、感悟	为党而飞、为祖国而飞、为人民而飞。		

环境控制系统

随着飞行高度的增加，大气环境呈现出低气压、低温等问题，为满足机上人员的需要、确保舱内设备的正常工作和载运物资的安全，飞机环境控制系统要使用气密舱并具备供气、通风、调温、调压等功能，以保证飞机在各种飞行条件下均具有良好的舱内环境参数。

一、教学目标

（一）知识目标

了解系统功用及组成、气密座舱形式；了解供气系统组成；了解座舱温度调节原理；理解通风式气密座舱的环境参数要求、基本调节原理；理解涡轮冷却器、座舱调压装置、液冷系统的工作原理；掌握环境控制系统的工作原理和座舱压力制度。

（二）能力目标

能够建立从飞行需求到功用、组成、使用的环境控制系统知识体系，形成利用所学知识分析和解决飞行中实际问题的能力。

（三）素质目标

贴近飞行，强化飞行平台航空理论素养与实际应用意识，建立装备使用自信，激发热爱祖国、矢志飞行的热情。

本部分内容的逻辑关系如图6.3所示。

图 6.3　环境控制系统内容逻辑关系

二、思政元素

"环境控制系统"教学内容中隐含的课程思政元素主要体现在以下几点。

思政点1：民族自豪感——气密舱

为了保证人体在高空能够正常工作，飞行器舱必须采用气密舱，同时进行供气、调温和调压。高度越高，对气密舱的气密性和舱内环境控制越高。空间站是一种在近地轨道长时间运行，可供多名航天员巡防、长期工作和生活的载人航天器，并用于开展科学研究和太空实验，因此其舱内环控技术更为突出。我国空间站是在突破西方国家对我们的技术封锁条件下自主研发建造的，在国际空间站退役后，我国空间站将有可能长期成为唯一在轨空间站。同时我国也向世界开放，敞开合作大门，历史上此类项目尚属首次，展现了中国作为航天强国的自信和大国气度，也表现了中国作为世界大国的责任和担当。

思政点2：辩证唯物主义——座舱压力制度

从满足机上人员生理需要来看，在任何飞行高度上座舱压力若能保持相当于海平面大气压力则是最佳的。但是，如果座舱始终保持地面大气压力，则飞机飞到高空时座舱内外压力差（即余压）很大，气密座舱的受力相应增大，为保持强度，飞机结构重量随之增大。另外，如果飞行中气密座舱一旦损坏，就会发生爆炸减压而损害人员健康。因此，机上人员生理的需要同减轻座舱结构重量以及避免爆炸减压损伤是矛盾的。另外，还要考虑理论模型和工程实现之间的矛盾。战斗机一般采用自由通风段、绝对压力调节阶段和余压调节段3段式压力调节规律，军用轰运类飞机分为平时状态和战时状态两种压力调节规律，民用飞机常采用直线段或近似直线段。不同类型的飞机采用不同的座舱压力制度，体现了辩证唯物主义思想，要抓住主要矛盾，从实际需求角度解决分析问题。

思政点3：沉着冷静、技术精湛的飞行员素养——系统使用

高空飞行，环境控制系统工作性能的好坏或是否正常工作，直接影响机上人员的安全和设备运行。这就要求飞行员学好相关航空理论知识，能够准确判读环境控制相关参数，正确操纵相关控制装置，熟悉座舱设备配置，了解座舱环境不正常时产生的现象及应急程序。同时，还需要在平时

注重身心素质的锻炼以及技术的训练，以便发生特情时能够沉着应对，保证自身和机上其他人员的安全。

课程思政点与教学内容对照见表6.3。

表 6.3　课程思政点与教学内容对照

序　号	教学内容	思政点
1	气密舱	民族自豪感
2	座舱压力制度	辩证唯物主义
3	系统使用	沉着冷静、技术精湛的飞行员素养

三、课程思政教学设计内容

（一）本次设计的课程思政目标

进一步认识辩证唯物主义矛盾观，激发对祖国繁荣强大的自豪感，锻炼终身飞行的体魄体力，以及具备沉着应对飞行中出现突发事件的良好素质。

（二）课程思政教学设计

视频素材：

① 天宫空间站。

②《中国机长》片段。

③《开讲啦》——刘传健。

1.课前：课堂思政引入

课前，学员观看有关中国空间站的视频，通过航天员的舱内生活对环境控制系统的重要性进行初步认识；通过航天人自主创新实现载人空间站的壮举，不懈努力的奋斗历程，感悟科学家们的爱国情怀；通过向世界开放，感受祖国的海纳百川的胸怀和作为航天强国的自信，激发民族自豪感。另外，现役航天员都是从空军飞行员中选拔出来的，是空军的骄傲，是飞行员的骄傲。

2.课中：课程思政贯穿教学过程

①注重培养学员的辩证唯物主义矛盾观。不同类型飞机的侧重方面不

同，采用座舱压力制度也不同。例如，战斗机侧重于减小爆炸减压的损害和减轻结构重量，牺牲飞行员压力环境舒适度，民航飞机更侧重于保证机身人员的压力环境的舒适度，而军用轰运类飞机平时以提高舒适度为主，战时以减小爆炸减压损害为主，因此有两种状态。由此让学员认知辩证唯物主义矛盾观，养成实事求是、抓主要矛盾分析和解决问题的科学态度。②注重学员的飞行员核心素养的养成。教员与学员加强互动，引导学员主动思考座舱失密会产生哪些现象等问题，并引入川航3U8633万米高空险情事件。学员通过观看电影《中国机长》片段直观感受当时惊心动魄的场景，聆听刘传健机长亲身经历的现身说法，加强飞行员素养养成，认识到不仅要有过硬的驾驶本领，还要有敏锐的紧急反应能力，更要有强大的心理素质，来适应未来复杂严酷的作战环境。

3.课后：课程思政总结反思

本次课的教学可加强学员对环境控制系统知识的理解，感受国家航空航天事业取得的巨大成就，形成辩证唯物主义思想，养成飞行员核心素养。

学员课堂随感（环境控制系统）

课程名称	飞机结构与系统	授课教员	李广华
姓　　名	朱　磊	授课时间	2021.06.11
课程育人 切入点 （课程内容）	气密舱；座舱压力制度；系统使用。		
教员的一句 良言	环境控制系统让我们实现了高空作业。		
核心价值观 与做人做事 的道理	练就过硬本领，才能临危不惧。		
学员的体会、 感悟	加强自身职业素养，不仅要有过硬的驾驶本领，还要有敏锐的紧急反应能力，更要有强大的心理素质，来适应未来复杂严酷的作战环境。		

燃油供给系统

燃油供给系统用来储存燃油，在所有飞行状态和工作条件下，向发动机连续供给规定压力和流量的燃油，有的还具备冷却机上其他设备和保持飞机重心于规定范围内等特殊功能。飞机要想长时间在空中飞行，必须源源不断地通过发动机提供动力，这就需要配置在机体上的燃油供给系统和发动机本体上的燃油调节系统共同工作完成。

一、教学目标

（一）知识目标

了解燃油种类、油箱及附件功用；了解增压与通气、地面加油的基本原理；理解空中加油与放油、油量测量与信号指示系统的功用和基本工作原理；掌握油箱分组及储油量、耗油顺序及供油方式、输供油的基本原理。

（二）能力目标

能够紧密联系燃油供给系统功能需求和使用要求、座舱显示等实际，建立整个系统的知识体系；具备机型改装的能力及利用所学知识指导使用、故障判断与特情处置的综合能力实现从基础理论到飞机平台应用性知识的转变。

（三）素质目标

强化飞行平台航空理论素养与实际应用意识，养成勤于思考、善谋打仗的战斗作风。

本部分内容的逻辑关系如图6.4所示。

二、思政元素

"燃油供给系统"教学内容中隐含的课程思政元素主要体现在以下几点。

思政点1：民族自豪感、锤炼本领——空中加油技术

航程与续航时间是飞机重要的性能指标之一。空中加油是一项在飞行中通过加油机向其他飞机补充燃料的技术，不仅能够增加战机的航程，还能大大提高战机的生存能力。该技术改变了以往只能从战机的内载油量、

图 6.4　燃油供给系统内容逻辑关系

航程来确定其执行任务种类的传统方式，已成为增强航空兵机动能力和打击能力的重要措施，受到世界各国的高度重视。我国是继美国、俄罗斯、英国之后第四个依靠自己的技术实力独立掌握空中加油技术的国家，并在歼-10系列、歼-11系列、歼-20等我国主战机型上进行了应用，极大地增强了空军的远程作战能力。空中加油看起来简单，但其实是个高危科目，被称为空中穿针引线，也被称为"死亡之吻"。特别是我国主要采用软管式加油方式，对受油机的飞行技术要求很高，且会耗费飞行员巨大的精力和体力，这就要求飞行员具有强健的体魄和精湛的飞行技术。

　　思政点2：勤于思考、善谋打仗——燃油测量与信号指示系统

　　为便于飞行员实时了解飞机的用油情况及剩余油量，掌握燃油供给系统的工作状况，及时发现和正确处理故障，燃油供给系统装有油量测量与信号指示系统。当飞行员置身于座舱内，燃油供给系统中与飞行员进行交互的设备有相关电门、油量指示器和信号灯或告警灯。通常情况下，飞行员是根据油量指示器的显示和信号灯的状态来了解剩余油量和系统的工作状态的。而油量显示规律以及信号灯与储油系统和输供油控制过程密切相关。油量显示一般显示供油箱油量和全机油量，若系统工作正常，全机油量就是可用剩余油量，若输供油出现故障，供油箱油量为可用油量，输供油出现故障时，并不一定伴有告警信号，需要飞行员将油量显示规律熟记于心。信号灯用来监测系统的工作情况，告警灯主要有油泵故障告警灯、

满油告警灯、剩油告警牌等。作为飞行员，必须充分了解所驾驶机型飞机的燃油消耗量与油量表以及信号灯之间的对应关系，才能实时了解飞机燃油消耗情况和剩余燃油，掌握系统的工作情况，及时发现和处置故障，保证飞机的安全飞行和返回。

思政点3：开拓创新、艰苦创业的东北老航校精神——酒精代替航空汽油

燃油是飞行动力装置的食粮。现在常用的燃油分为供活塞发动机使用的航空汽油和供喷气式发动机使用的航空燃料（一般采用航空煤油）。在70多年前，东北老航校的创业者在战争废墟上建校，油料成为制约飞行的关键。白起等提出了酒精代替航空汽油的方法，他带领的攻关小组经过一次次的试验，又一次次的失败，经过数百次的试验，最后通过不断提高酒精的纯度以及改造汽化器的定流孔等，使得地面试验的燃烧效果和汽油接近，发动机达到了规定的要求。白起和日籍飞行教官黑田驾着装满酒精作为燃料的飞机成功试飞，宣告了酒精代替航空汽油的成功。酒精代替航空汽油和马拉飞机、直上高教等成为世界空军建设史上的奇迹，形成了以团结奋斗、艰苦创业、勇于献身、开拓新路为核心的东北老航校精神。

课程思政点与教学内容对照见表6.4。

表 6.4　课程思政点与教学内容对照

序　号	教学内容	思政点
1	空中加油技术	民族自豪感、锤炼本领
2	燃油测量与信号指示系统	勤于思考、善谋打仗
3	酒精代替航空汽油	开拓创新、艰苦创业的东北老航校精神

三、课程思政教学设计内容

（一）本次设计的课程思政目标

形成勤于思考的工作作风，善谋打仗的职业素养；增强对国家成就的

自豪感以及科技兴国的认同感和使命感。

（二）课程思政教学设计

视频素材：

① 空中加油相关视频。

②《国家记忆》之"人民空军摇篮——艰苦岁月"。

1.课前：课堂思政引入

课前，学员观看《国家记忆》之"人民空军摇篮"，通过老航校酒精代替航空汽油的事迹，感受老航校人面对燃油困难如何另辟新路、经历试验失败不放弃、空中试飞不怕牺牲的战斗精神，勉励自己作为老航校的传承人，骨血中要植入一脉相承的红色基因，要拥有永葆干事创业的冲天豪情、经略空天的雄心壮志。

2.课中：课程思政贯穿教学过程

①培养学员勤于思考的习惯和善谋打仗的飞行员核心素养。遵循以座舱为中心的原则，教员从飞行员视角出发，引入案例，激发学员的学习兴趣和求知热情。教员从案例中提取飞行员是如何判定飞机剩余油量及故障信息和如何处置出现的影响飞行的故障这两个问题，引导学员探究油量显示规律以及与信号灯之间的相互对应关系。②激发学员民族自豪感和锤炼本领的信念。教员介绍加油系统时，强调空中加油技术对空中作战力量的支撑作用，通过引入歼-10空中加油视频，让学员对空中加油方式、加油基本过程和国内空中加油技术的水平有初步了解，感受祖国独立掌握空中加油技术的自豪感。加油过程中，需要飞行员精神高度集中，操纵受油机接近加油机、飞机加油机与受油机交会对接、受油机与加油机分离一系列过程，稍有不慎，将会严重威胁飞行安全。教员通过播放空中加油失败视频合集，引导学员加强身体锻炼，提高身体耐力，还要锻炼过硬的驾驶本领来保证未来驾驶战机进行空中加油的安全。

3.课后：课程思政总结反思

本次课的教学可加强学员对燃油供给系统知识的理解，以老航校酒精代替航空汽油的事迹，引导学员继承和发展东北老航校精神，培育学员勤于思考的习惯和善谋打仗的核心素养，激发学员民族自豪感和锤炼本领的信念。

学员课堂随感（燃油供给系统）

课程名称	飞机结构与系统	授课教员	李广华
姓　　名	罗椹富	授课时间	2021.06.09
课程育人 切入点 （课程内容）	空中加油技术；燃油测量与信号指示系统；燃油类型。		
教员的一句 良言	没有条件，创造条件也要上。		
核心价值观 与做人做事 的道理	东北老航校精神：团结奋斗、艰苦创业、勇于献身、开拓新路。		
学员的体会、 感悟	老航校时期，没有条件也要创造条件，现在有了好的条件，我们更要刻苦钻研本领，争取胜任各种任务。		

液压系统

随着飞机尺寸和飞行性能的提高，飞机上越来越多的系统和部附件需要运动来保证飞行安全和任务实现，如起落架收放、飞机上各舵面偏转、前轮转弯操纵、进气道与尾喷口调节、舱门开关、机轮刹车、机炮充弹等，仅依靠机械杠杆原理通过人力操纵很难实现，必须借飞机上的动力源来进行传动。现代飞机绝大多数的传动工作都依靠液压系统来实现，是机上管路和附件多、传动功率大、响应速度快、操纵使用最频繁的系统。

一、教学目标

（一）知识目标

了解液压系统的功用和基本组成；了解液压传动基础知识和一般附件的功用；理解核心附件的功用和工作原理；掌握液压源的功用、组成及工作原理。

（二）能力目标

能够紧密联系飞机液压系统的功用与状态显示等实际，形成液压源从功用、组成、产生原理到状态显示的整体知识体系；具备利用所学知识指导使用、故障判断与特情处置的综合能力，实现从基础理论到飞机平台应用性知识的转变。

（三）素质目标

强化飞行平台航理理论素养与实际应用意识与科学思维认知，塑造积极乐观的生活态度与飞行员的军人核心价值观，助力飞行员核心素养的养成。

本部分内容的逻辑关系如图6.5所示。

二、思政元素

"液压系统"教学内容中隐含的课程思政元素主要体现在以下几点。

思政点1：科技兴国、文化自信、民族自豪感——液压传动发展与应用

液压传动是以有压流体作为工作介质对能量进行传递和控制的一种传动形式，与机械传动、电气传动、电子传动并列为四大传动形式。17世纪中叶，帕斯卡提出了液体静压传递原理；18世纪末，英国制成了世界上第

图 6.5 液压系统内容逻辑关系

一台水压机，液压传动技术在各工业领域尤其是航空航天领域得到广泛应用。随着微电子技术与液压技术的密切结合，液压传动已成为一个高新技术领域。我国在古时就充分利用液体传动，如"大禹治水"，都江堰、郑国渠和灵渠三大水利工程应用案例，充分诠释了中华民族顺水之性的伟大智慧和伟大创举。目前，我国对液压的应用已经拓展到农业机械、工程机械和航空制造业领域，取得了瞩目的成就。教员通过对液压发展和应用的介绍，增强学员的民族自豪感和文化自信，使学员认识到科技兴国的重要性。

思政点2：积极乐观的生活态度——液压系统参数

压力和流量是液压系统的两个重要参数，压力决定了能不能驱动负载，负载决定了压力的大小。没有压力，就没有驱动负载运动的动力；有压力但过小，也无法驱动负载；压力过大，容易超过系统的承受能力，损害系统的部附件。流量决定负载的传动速度，流量大，传动速度大；流量小，传动速度小。压力与流量的结合就是液压传动的功率。教员通过对液压系统参数的介绍，引导学员正确对待生活中的压力和快节奏的学习进度，塑造积极乐观的生活态度。

思政点3：科学思维、辩证唯物主义——液压附件-基本回路-系统

液压系统由动力附件、控制附件、执行附件和辅助附件四大类附件组成，动力附件将其他形式的能转换为液压能，执行附件将液压能转化为机械能进行传动，控制附件对液压油的压力、流量和方向进行控制，辅助附件是用于支撑和改善液压系统的一些附件。各附件是构成液压基本回路的最小物质单元，基本回路是构成液压系统的功能单元，液压系统嵌入机械系统中发挥动力与运动传递及控制的作用。我们利用液压系统进行传动就是利用它的压力能，同时要保证系统性能处于良好的工作状态。一是液压油要保持纯净；二是要尽量避免液压冲击、损失、气穴、泄漏等影响；三是要保证压力在规定范围内；四是要有监控和地面维护的接口等。附件与附件之间、附件和回路之间、附件和系统之间是普遍联系，附件的安装位置不同对液压系统的影响也不同。教员通过从系统科学和系统工程的角度出发，反推到搭建系统需要的附件的学习，锻炼学员的科学思维能力，让学员学会搭建知识体系的方法，培养学员的唯物主义辩证法思维和基于系统科学的工程思维，使学员自觉尊重自然规律，树立正确的世界观。

课程思政点与教学内容对照见表6.5。

表 6.5　课程思政点与教学内容对照

序　号	教学内容	思政点
1	液压传动发展与应用	科技兴国、文化自信、民族自豪感
2	液压系统参数	积极乐观的生活态度
3	液压附件 - 基本回路 - 系统	科学思维、辩证唯物主义

三、课程思政教学设计内容

（一）本次设计的课程思政目标

塑造积极向上的生活态度，提升科学思维能力，坚持辩证唯物主义思想，强化文化自信、民族自豪感和科技强国意识，增强飞行事业心与责任感。

（二）课程思政教学设计

视频素材：《基建狂魔的中国，你到底了解多少》。

1.课前：课堂思政引入

课前，教员引入液压系统的发展历程，介绍中国古代利用液体传动特性的智慧结晶，如三大水利工程的应用。观看《基建狂魔的中国，你到底了解多少》视频，基于液压应用的中国基建，被世界称为"基建狂魔"，以令世界瞩目的中国速度，在疫情防控期间10天建成武汉火神山，为国家防疫做出了不可磨灭的贡献。世界第一的球面射电望远镜"天眼"的馈源支撑系统，也是用液压系统进行驱动的。制造业是国家经济的命脉，为应对全球新一轮科技革命和产业变革而颁布的《中国制造2025》制造强国战略，指出了形成经济增长新动力，塑造国际竞争新优势的主要发展之路。十大重点领域中大部分，同样需要液压传动领域的科技进步作为支撑。教员通过介绍古代与现代液压系统的应用，不仅让学员感受古人的智慧，从而使其对中国历史文化具有认同感，而且让学员为祖国的强大感到自豪；通过阐述液压传动领域科技进步对制造强国战略的支撑作用，进一步激发学员对科技兴国的认同感。

2.课中：课程思政贯穿教学过程

①注重培养与塑造学员积极乐观的生活态度。教员引入压力和负载传动的关系，引导学员积极对待人生压力，化压力为动力，刻苦学习，锤炼本领。②注重培养学员科学思维、辩证唯物主义的世界观。教员从系统科学与系统工程的角度出发，从系统的功能和要求角度，反推搭建系统需要的附件，利用普遍性方法论的基本原理介绍附件之间的相关联系、相互影响，在对附件基本功能和原理的介绍后，通过思维导图和布置任务作业的形式，加强学员思维认识和方法应用能力。

3.课后：课程思政总结反思

本次课的教学可加强学员对液压系统知识的理解，从液压传动中增强四个自信，塑造积极乐观的生活态度，形成科学思维、辩证唯物主义世界观。

学员课堂随感（液压系统）

课程名称	飞机结构与系统	授课教员	李广华
姓　　名	甘浩君	授课时间	2021.05.26
课程育人切入点 （课程内容）	液压与气压传动发展与应用；液压系统参数；液压油。		
教员的一句良言	给我一个支点和满足条件的油缸，我可以翘起地球。		
核心价值观与做人做事的道理	积极对待人生压力，化压力为动力。		
学员的体会、感悟	液压与气压传动系统就是省力装置，只有善于使用装备系统，才能驾驶好飞机。		

参考文献

[1]王英龙，曹茂永.课程思政我们这样设计（理工类）[M].北京：清华大学出版社，2020.

[2]王英龙，曹茂永.课程思政我们这样设计（人文社科类）[M].北京：清华大学出版社，2020.

[3]习近平.在北京大学师生座谈会上的讲话[M].北京：人民出版社，2018.

[4]习近平.做党和人民满意的好老师：同北京师范大学师生代表座谈时的讲话[M].北京：人民出版社，2014.

[5]楚国清，孙善学.课程思政"三金"优秀教学设计案例[M].北京：首都经济贸易大学出版社，2020.

[6]沈赤.课程思政经典案例选编[M].杭州：浙江大学出版社，2020.

[7]苏春，陈斌.课程思政的素材挖掘、内容组织与教学实践：以《系统可靠性分析与设计》课程为例[J].东南大学学报（哲学社会科学版），2019（12）：145-148.

[8]郭杰忠."课程思政"教学改革的三点思考[J].南昌航空大学学报（社会科学版），2019（6）：1-6.

[9]赵富学，焦家阳，赵鹏."立德树人"视域下体育课程思政建设的学理要义与践行向度研究[J].北京体育大学学报，2021，44（3）：72-81.

[10]中国人民解放军总政治部.新形势下强军兴军的科学指南：深入学习贯彻习近平主席在全军政治工作会议上的重要讲话[J].求是，2014（23）：24-27.

[11]陈启飞，黄亚新，陈徐均，等.军队院校本科专业课课程思政的探索与实践[J].高教学刊，2021（3）：131-134.

[12]唐维忠，等.中国空军飞行员核心素养研究[M].北京：金盾出版社，2019.

[13]范宝祥，张恩祥.课程思政案例选编[M].北京：中国政法大学出版社，2021.

[14]李勇，邱静文.推进专业课教师开展课程思政建设的思考[J].学校党建与思想教育，2021（8）：56-57.

[15]孙珂琪.课程思政在"液压与气压传动"课程中的应用[J].教育教学论坛，2020（20）：114-115.

[16]刘沛清.流体力学通论[M].北京：科学出版社，2017.

[17]李成智.空气动力学与航空工业[M].太原：山西教育出版社，2012.

[18]冯·卡门，李·埃德森.冯·卡门：航空航天时代的科学奇才[M].上海：复旦大学出版社，2020.

[19]王春雨，崔钢，贺鹏.飞行器导航技术[M].哈尔滨：哈尔滨工业大学出版社，2021.

[20]推动新质战斗力加速孵化和生成[N].新民晚报，2020-07-24（02）.

[21]中国航空发动机集团新闻中心.皇冠上的明珠：航空发动机[M].北京：航空工业出版社，2021.

[22]王之林，张玉金.航空发动机的故事[M].北京：科学出版社，2020.

[23]路丙辉，李靖.大学员思想道德修养[M].芜湖：安徽师范大学出版社，2015.

[24]徐勇凌.鹤舞凌霄：中国试飞员笔记[M].北京：科学出版社，2017.

[25]朱梦洁."课程思政"的探索与实践：以专业课为视角[D].上海：上海外国语大学，2018.

[26]刘永学.空气动力学[M].北京：航空工业出版社，2019.

[27]徐振东.空中领航学[M].北京：航空工业出版社，2019.

[28]常丽敏.仪表电气设备原理[M].北京：航空工业出版社，2019.

[29]周海申.航空气象学[M].北京：航空工业出版社，2019.

[30]魏思东.航空动力装置[M].北京：航空工业出版社，2019.

[31]王远达.飞机结构与系统[M].北京：航空工业出版社，2019.

[32]陈斌，董莉，王怿萱，等.大气科学专业课程思政教学实践：以卫星气象学课程为例[J].高教学刊，2021，7（26）：84-89.

[33]李欣余，周欣，荣艳淑."天气学原理"课程中课程思政的探索与实践[J].科教导刊，2021（21）：117-119.

[34]朱建佳，刘耀亮，张锐，等.应用型大学《农业气象学》教学创新研究与实践[J].绿色科技，2021，23（11）：235-236，241.

[35]朱广琴.基于立德树人的"课程思政"教学要素及机制探析[J].南京理工大学学报（社会科学版），2019，32（6）：84-87.

[36]巩茹敏，林铁松.课程思政：隐性思想政治教育的新形态[J].教学与研究，2019（6）：45-51.

[37]高燕.课程思政建设的关键问题与解决路径[J].中国高等教育，2017（Z3）：11-14.

[38]李国娟.课程思政建设必须牢牢把握五个关键环节[J].中国高等教育，2017（Z3）：28-29.

[39]高德毅，宗爱东.课程思政：有效发挥课堂育人主渠道作用的必然选择[J].思想理论教育导刊，2017（1）：31-34.

[40]高德毅，宗爱东.从思政课程到课程思政：从战略高度构建高校思想政治教育课程体系[J].中国高等教育，2017（1）：43-46.